# HARRAP'S

## *French*

# VERBS

*Compiled by*
**LEXUS**

*with*
Sabine Citron

**HARRAP**

*First published in Great Britain* 1987
*by* Harrap Books Ltd
43–45 Annandale Street, Edinburgh EH7 4AZ
Previously published in PVC
(ISBN 0 245 54581 6)

© *Harrap Books Ltd* 1987

Reprinted 1988 (twice), 1990 (four times), 1991,
1992 (twice), 1993, 1994

ISBN 0 245 60559 2

Printed in Great Britain by Clays Ltd, St Ives plc

# CONTENTS

# THE MAIN VERB CATEGORIES

There are three main conjugations in French, distinguished by the ending of their infinitive:

        A. verbs in -ER
        B. verbs in -IR
        C. verbs in -RE

## A.    FIRST CONJUGATION: VERBS IN -ER

Most of these follow the pattern of **chanter** ('to sing'), which is given in full in table 31. But see below **D.** for standard irregularities.

## B.    SECOND CONJUGATION: VERBS IN -IR

Most of these follow the pattern of **finir** ('to finish'), which is given in full in table 92.

## C.    THIRD CONJUGATION: VERBS IN -RE

These follow several different patterns, to which the INDEX will refer you.

# D. STANDARD IRREGULARITIES OF THE FIRST CONJUGATION

1. *Verbs in -cer*
   These require a cedilla under the c before an **a** or an **o** to preserve the soft sound of the c. The model for these verbs is **commencer** ('to begin'), given in full in table 34. For example:

   > **je commence** *but* **nous commençons**
   > **nous commencions** *but* **je commençais**

2. *Verbs in -ger*
   These require an **e** after the g before an **a** or an **o** to preserve the soft sound of the g. The model for these verbs is **manger** ('to eat'), given in full in table 116. For example:

   > **je mange** *but* **nous mangeons**
   > **nous mangions** *but* **je mangeais**

3. *Verbs in -eler*
   Some of these double the **l** before a silent **e** (changing **-el-** to **-ell-**). The model for these verbs is **appeler** ('to call'), given in full in table 14. For example:

   > **j'appelle** *but* **vous appelez**
   > **il appellera** *but* **il appela**

   Others change **-el-** to **-èl-** before a silent **e**. The model for these verbs is **peler** ('to peel'), given in full in table 142. For example:

   > **je pèle** *but* **je pelai**
   > **il pèlera** *but* **il pelait**

   By consulting the INDEX you can find out which pattern a particular verb follows.

4. *Verbs in -eter*
   Some of these double the **t** before a silent **e** (changing **-et-** to **-ett-**). The model for these verbs is **jeter** ('to throw'), given in full in table 108. For example:

   > **je jette** *but* **je jetais**
   > **il jettera** *but* **il jeta**

   Others change **-et-** to **-èt-** before a silent **e**. The model for these verbs is **acheter** ('to buy'), given in full in table 3. For example:

      j'achète *but* j'achetai
      vous achèterez *but* vous achetiez

By consulting the INDEX you can find out which pattern a particular verb follows.

5. *Verbs in e + consonant + er*, namely **-ecer**, **-emer**, **-ener**, **-eser** and **-ever**, as well as **-evrer**, follow the general pattern of **acheter** and **peler**, changing their **-e-** to **-è-** before a silent e. Individual models for these verbs are given in the tables: **dépecer** (58), **semer** (185), **mener** (119), **peser** (146), **élever** (73), **sevrer** (190). For example:

      je pèse *but* je pesais
      nous mènerons *but* nous menions

6. *Verbs in é + consonant + er,* namely **-écer**, **-éder**, **-éger**, **-éler**, **-émer**, **-éner**, **-érer**, **-éser** and **-éter**, as well as **-ébrer**, **-écher**, **-écrer**, **-égler**, **-égner**, **-égrer**, **-éguer**, **-équer** and **-étrer**, change the **-é-** to **-è-** before a silent e in the present indicative and subjunctive, but not in the future and conditional. Models for these verbs are given in the tables: **rapiécer** (165), **céder** (29), **protéger** (163), **révéler** (178), **écrémer** (71), **réfréner** (167), **préférer** (156), **léser** (114), **compléter** (35), **célébrer** (30), **sécher** (184), **exécrer** (88), **régler** (168), **régner** (169), **intégrer** (104), **léguer** (113), **disséquer** (64), **pénétrer** (143). For example:

      je préfère *but* je préférerai
      il célèbre *but* il célébrerait

7. *Verbs in -oyer and -uyer*
The y changes to i before a silent e. The models for these verbs are **nettoyer** (129) and **ennuyer** (78). For example:

      je nettoierai *but* je nettoyais
      tu ennuie *but* tu ennuya

8. NOTE: Verbs in **-ayer** (like **payer**, 140) do not generally change the y to i, although this spelling also exists.

# USE OF TENSES

## A. INDICATIVE

1. *PRESENT*
The present is used to describe a current state of affairs or an action taking place at the time of speaking:

>    il *travaille* dans un bureau
>    he *works* in an office

>    ne le dérangez pas, il *travaille*
>    don't disturb him, he *is working*

It can also be used to express the immediate future:

>    je *pars* demain
>    I'*m leaving* tomorrow

2. *IMPERFECT*
The imperfect is a past tense used to express what someone was doing or what someone used to do or to describe something in the past. The imperfect refers particularly to something that *continued* over a period of time, as opposed to something that happened at a specific point in time:

>    il *prenait* un bain quand le téléphone a sonné
>    he *was having* a bath when the phone rang

>    je le *voyais* souvent quand il habitait dans le quartier
>    I *used to see* him often when he lived in this area

>    elle *portait* une robe bleue
>    she *was wearing* a blue dress

3. *PERFECT*
The perfect is a compound past tense, used to express *single* actions which have been completed, ie what someone did or what someone has done/has been doing or something that has happened or has been happening:

>    je lui *ai écrit* lundi
>    I *wrote* to him on Monday

**j'ai lu toute la journée**
I've *been reading* all day

NOTE: In English, the simple past ('did', 'went', 'prepared') is used to describe both single and repeated actions in the past. In French, the perfect only describes single actions in the past, while repeated actions are expressed with the imperfect. Thus 'I went' should be translated 'j'allais' or 'je suis allé' depending on the nature of the action:

**après dîner, je *suis allé* en ville**
after dinner, I *went* to town

**l'an dernier, j'*allais* plus souvent au cinéma**
last year, I *went* to the pictures more often

4. *PAST HISTORIC*
This tense is used in the same way as the perfect tense, to describe a single, completed action in the past (what someone did or something that happened). It is a *literary* tense, not used in everyday spoken French. It is mainly found in *written* form as a narrative tense:

**le piéton ne *vit* pas arriver la voiture**
the pedestrian *didn't see* the car coming

5. *PLUPERFECT*
This compound tense is used to express what someone had done/had been doing or something that had happened or had been happening:

**elle était essoufflée parce qu'elle *avait couru***
she was out of breath because she *had been running*

6. *FUTURE*
This tense is used to express what someone will do or will be doing or something that will happen or will be happening:

**je *ferai* la vaisselle demain**
I'*ll wash up* tomorrow

7. *PAST ANTERIOR*
This tense is used instead of the pluperfect tense to express an action that preceded another action in the past (ie a past in the

past). It is usually introduced by a conjunction of time (translated by 'when', 'as soon as', 'after' etc):

> **il se coucha dès qu'ils *furent partis***
> he went to bed as soon as they *had left*

8. *FUTURE PERFECT*

This compound tense is used to describe what someone will have done/will have been doing in the future or to describe something that will have happened in the future:

> **appelle-moi quand tu *auras fini***
> call me when you'*ve finished*

## B. IMPERATIVE

The imperative is used to give orders:

| | |
|---|---|
| **mange ta soupe !** | eat your soup! |
| **n'aie pas peur !** | don't be afraid! |
| **partons !** | let's go! |
| **entrez !** | come in! |

## C. CONDITIONAL

1. *CONDITIONAL PRESENT*

This tense is used to describe what someone would do or would be doing or what would happen (if something else were to happen):

> **si j'étais riche, j'*achèterais* un château**
> if I were rich, I *would buy* a castle

It is also used in indirect questions or reported speech instead of the future:

> **il ne m'a pas dit s'il *viendrait***
> he didn't tell me whether he *would come*

2. *PAST CONDITIONAL*

This tense is used to express what someone would have done or would have been doing or what would have happened:

> **si j'avais su, j'*aurais apporté* du pain**
> if I had known, I *would have brought* some bread

# D.   SUBJUNCTIVE

The subjunctive is used to express doubts, wishes, necessity etc. It appears only in subordinate clauses and is introduced by the conjunction *que*.

1. *PRESENT SUBJUNCTIVE*

   **il veut que je *parte***
   he wants me *to go away*

   **il faut que tu *restes* ici**
   you have *to stay* here

2. *IMPERFECT SUBJUNCTIVE*
   The imperfect subjunctive, used in past subordinate clauses, is very rare in conversation and is mainly found in literature or in texts of a formal nature

   **je craignais qu'il ne *se fachât***
   I was afraid that he *would get angry*

3. *PERFECT SUBJUNCTIVE*
   The past subjunctive is used when the action expressed in the subordinate clause happens before another action:

   **je veux que tu *aies terminé* quand je reviendrai**
   I want you to *be finished* when I come back

# E.   INFINITIVE

1. *PRESENT INFINITIVE*
   This is the basic form of the verb. It is recognized by its ending, which is found in three forms corresponding to the three conjugations: **-er, -ir, -re.**
   These endings give the verb the meaning 'to ...':

   | | |
   |---|---|
   | **acheter** | to buy |
   | **choisir** | to choose |
   | **vendre** | to sell |

2. *PAST INFINITIVE*
   The past infinitive is used instead of the present infinitive when the action expressed by the infinitive happens before the main

action or before what is referred to by the main verb:

**je regrette d'***avoir menti*
I'm sorry I *lied* (for *having lied*)

# F.  PARTICIPLE

1. *PRESENT PARTICIPLE*
This corresponds to the English participle in *-ing* ('eating'), but is less commonly used (French prefers constructions with the infinitive):

**en marchant**
while walking

2. *PAST PARTICIPLE*
This translates the English past participle ('eaten', 'arrived') and is used to form all the compound tenses:

**un pneu** *crevé*
a *burst* tyre

**j'ai trop** *mangé*
I've *eaten* too much

For rules governing the agreement of the past participle, see pages xv-xvi.

# THE AUXILIARIES 'ETRE' AND 'AVOIR' IN COMPOUND TENSES

Compound tenses of verbs — such as the past historic, the pluperfect etc — are formed by using the appropriate form of the auxiliary verbs 'avoir' or 'être' and the past participle of the main verb:

> **il a perdu**
> he lost

> **je suis parti**
> I left

## AUXILIARY 'AVOIR' OR 'ETRE'?

1. *'AVOIR'* is used to form the compound tenses of most verbs.

2. *'ETRE'* is used to form the compound tenses of:

*a. reflexive verbs:*

> **je me** *suis* **baigné**
> I had a bath

> **ils se** *sont* **rencontrés à Paris**
> they met in Paris

*b. the following verbs* (mainly verbs of motion):

| | |
|---|---|
| **aller** | to go |
| **arriver** | to arrive |
| **descendre** | to go/come down |
| **devenir** | to become |
| **entrer** | to go/come in |
| **monter** | to go/come up |
| **mourir** | to die |
| **naître** | to be born |
| **partir** | to go away |
| **passer** | to pass, to go through |
| **rentrer** | to go in/home |

| | |
|---|---|
| **rester** | to stay |
| **retourner** | to go back |
| **sortir** | to go/come out |
| **tomber** | to fall |
| **venir** | to come |

and most of their compounds (eg **repartir**, **survenir** etc).
Some of these verbs can be used transitively, ie with a direct
object (taking on a different meaning). They are then
conjugated with '**avoir**':

> **il *est* sorti par la fenêtre**
> he went out through the window

*but*

> **il *a* sorti un mouchoir de sa poche**
> he took a handkerchief from his pocket

> **elle *est* retournée en France**
> she's gone back to France

*but*

> **elle *a* retourné la lettre à l'expéditeur**
> she returned the letter to the sender

In the INDEX, verbs are always cross-referenced to a verb
taking the same auxiliary, unless otherwise stated in a footnote.

# AGREEMENT OF THE PAST PARTICIPLE

## A. USE AS AN ADJECTIVE

When it is used as an adjective, the past participle always agrees with the noun or pronoun it refers to:

> **une pomme *pourrie***
> a rotten apple

> **ils étaient *fatigués***
> they were tired

## B. IN COMPOUND TENSES

1. *WITH THE AUXILIARY 'AVOIR'*

   With the auxiliary '**avoir**' the past participle does not normally change:

   > **elles ont *mangé* des frites**
   > they ate some chips

   The past participle only agrees in number and gender with the direct object when the direct object comes *before* the participle, ie in the following cases:

   a. *in a clause introduced by the relative pronoun* '**que**'

   > **la valise qu'il a *perdue***
   > the suitcase he lost

   b. *with a direct object pronoun*

   > **ta lettre ? je l'ai *reçue* hier**
   > your letter? I got it yesterday

   c. *in a clause introduced by* '**combien de**', '**quel**', '**quelle**' *etc, or* '**lequel**', '**laquelle**' *etc*

   > **combien de pays as-tu *visités*?**
   > how many countries did you visit?

2. **WITH THE AUXILIARY 'ETRE'**
   In the following cases the past participle agrees with the subject of the verb:

a. *ordinary verbs with 'être'*

   **elle était déjà** *partie*
   she had already left

b. *the passive*

   **les voleurs ont été** *arrêtés*
   the thieves have been arrested

c. *reflexive verbs*
   The past participle of reflexive verbs agrees with the subject of the verb:

   **Marie s'est** *endormie*
   Marie fell asleep

   **ils se sont** *disputés*
   they had an argument

*BUT*   when the reflexive pronoun is an *indirect object*, the past participle does not agree with the subject of the verb:

   **elles se sont** *écrit*
   they wrote to each other

   This is also the case where parts of the body are mentioned:

   **elle s'est** *lavé* **les cheveux**
   she washed her hair

# THE PASSIVE

The passive is used when the subject of the verb does not perform the action, but is subjected to it, eg:

>the house *has been sold*

>he *was made* redundant

Passive tenses are formed with the corresponding tense of the verb '**être**' ('to be', as in English), followed by the past participle of the verb:

>**j'ai été invité**
>I was invited

The past participle must agree with its subject:

>**elle a été renvoyée**
>she has been dismissed

The passive is far less common in French than in English. It is often replaced by other constructions:

>*on m'a volé* **mon portefeuille**
>my wallet has been stolen

>**mon correspondant** *m'a invité*
>I've been invited by my penfriend

>**elle** *s'appelle* **Anne**
>she is called Anne

>**il** *s'est fait renverser* **par une voiture**
>he was run over by a car

In the following verb table we give one model verb, '**être aimé**', in the passive voice. Other verbs follow the same pattern.

# ETRE AIME
## to be loved

### PRESENT

je suis aimé(e)
tu es aimé(e)
il (elle) est aimé(e)
nous sommes aimé(e)s
vous êtes aimé(e)s
ils (elles) sont aimé(e)s

### IMPERFECT

j'étais aimé(e)
tu étais aimé(e)
il (elle) était aimé(e)
nous étions aimé(e)s
vous étiez aimé(e)(s)
ils (elles) étaient aimé(e)s

### FUTURE

je serai aimé(e)
tu seras aimé(e)
il (elle) sera aimé(e)
nous serons aimé(e)s
vous serez aimé(e)(s)
ils (elles) seront aimé(e)s

### PAST HISTORIC

je fus aimé(e)
tu fus aimé(e)
il (elle) fut aimé(e)
nous fûmes aimé(e)s
vous fûtes aimé(e)(s)
ils (elles) furent aimé(e)s

### PERFECT

j'ai été aimé(e)
tu as été aimé(e)
il (elle) a été aimé(e)
nous avons été aimé(e)s
vous avez été aimé(e)(s)
ils (elles) ont été aimé(e)s

### PLUPERFECT

j'avais été aimé(e)
tu avais été aimé(e)
il (elle) avait été aimé(e)
nous avions été aimé(e)s
vous aviez été aimé(e)(s)
ils (elles) avaient été aimé(e)s

### PAST ANTERIOR

j'eus été aimé(e) etc

### FUTURE PERFECT

j'aurai été aimé(e) etc

### IMPERATIVE

sois aimé(e)
soyons aimé(e)s
soyez aimé(e)(s)

### CONDITIONAL
#### PRESENT

je serais aimé(e)
tu serais aimé(e)
il (elle) serait aimé(e)
nous serions aimé(e)s
vous seriez aimé(e)(s)
ils (elles) seraient aimé(e)s

#### PAST

j'aurais été aimé(e)
tu aurais été aimé(e)
il (elle) aurait été aimé(e)
nous aurions été aimé(e)s
vous auriez été aimé(e)(s)
ils (elles) auraient été aimé(e)s

### SUBJUNCTIVE
#### PRESENT

je sois aimé(e)
tu sois aimé(e)
il (elle) soit aimé(e)
nous soyons aimé(e)s
vous soyez aimé(e)(s)
ils (elles) soient aimé(e)s

#### IMPERFECT

je fusse aimé(e)
tu fusses aimé(e)
il (elle) fût aimé(e)
nous fussions aimé(e)s
vous fussiez aimé(e)(s)
ils (elles) fussent aimé(e)s

#### PERFECT

j'aie été aimé(e)
tu aies été aimé(e)
il (elle) ait été aimé(e)
nous ayons été aimé(e)s
vous ayez été aimé(e)(s)
ils (elles) aient été aimé(e)s

### INFINITIVE
#### PRESENT

être aimé(e)(s)

#### PAST

avoir été aimé(e)(s)

### PARTICIPLE
#### PRESENT

étant aimé(e)(s)

#### PAST

été aimé(e)(s)

# DEFECTIVE VERBS

Defective verbs are verbs that are not used in all tenses or persons. Most of them are no longer commonly used, or are used only in a few set expressions. However, since their conjugation follows irregular patterns, we have given a selection of these verbs in the following tables:

| | |
|---|---|
| 211 | accroire |
| 5 | advenir |
| 211 | apparoir |
| 66 | braire (*note*) |
| 32 | choir |
| 33 | clore |
| 52 | déchoir |
| 69 | échoir |
| 70 | éclore |
| 75 | enclore |
| 79 | s'ensuivre |
| 89 | faillir |
| 91 | falloir |
| 94 | foutre |
| 95 | frire |
| 98 | gésir |
| 109 | oindre (*note*) |
| 211 | ouïr |
| 135 | paître |
| 151 | poindre |
| 164 | puer |
| 170 | renaître |
| 182 | saillir |
| 187 | seoir |
| 66 | traire (*note*) |

# VERB CONSTRUCTIONS WITH THE INFINITIVE

The following verbs can all be used in infinitive constructions. The infinitive will be used either (1) without a preposition at all or (2) with the preposition '**à**' or (3) with the preposition '**de**' (Note that many of these verbs can also take other constructions, eg a direct object or '**que**' with the subjunctive).

## 1. *VERBS FOLLOWED BY AN INFINITIVE WITHOUT A LINKING PREPOSITION*

| | |
|---|---|
| **adorer** | to love (doing) |
| **aimer** | to like (doing) |
| **aimer mieux** | to prefer (to do) |
| **aller** | to go (and do) |
| **compter** | to expect (to do) |
| **daigner** | to deign (to do) |
| **descendre** | to go down (and do) |
| **désirer** | to wish (to do) |
| **détester** | to hate (to do) |
| **devoir** | to have to (do) |
| **écouter** | to listen (to someone doing) |
| **entendre** | to hear (someone doing) |
| **entrer** | to go in (and do) |
| **envoyer** | to send (to do) |
| **espérer** | to hope (to do) |
| **faillir** | 'to nearly' (do) |
| **faire** | to make (do) |
| **falloir** | to have to (do) |
| **laisser** | to let (do) |
| **monter** | to go up (and do) |
| **oser** | to dare (to do) |
| **paraître** | to seem (to do) |
| **pouvoir** | to be able to (do) |
| **préférer** | to prefer (to do) |
| **regarder** | to watch (someone do) |
| **rentrer** | to go in (and do) |
| **savoir** | to be able to (do) |

| | |
|---|---|
| **sembler** | to seem (to do) |
| **sortir** | to go out (and do) |
| **souhaiter** | to wish (to do) |
| **valoir mieux** | to be better (doing) |
| **venir** | to come (and do) |
| **voir** | to see (someone doing) |
| **vouloir** | to want (to do) |

2. *VERBS FOLLOWED BY AN INFINITIVE WITH THE LINKING PREPOSITION* **à**:

| | |
|---|---|
| **s'accoutumer à** | to get used to (doing) |
| **aider à** | to help (to do) |
| **s'amuser à** | to play at (doing) |
| **apprendre à** | to learn (to do) |
| **s'apprêter à** | to get ready (to do) |
| **arriver à** | to manage (to do) |
| **s'attendre à** | to expect (to do) |
| **autoriser à** | to allow (to do) |
| **chercher à** | to try (to do) |
| **commencer à** | to start (doing) |
| **consentir à** | to agree (to do) |
| **consister à** | to consist in (doing) |
| **continuer à** | to continue (to do) |
| **se décider à** | to make up one's mind (to do) |
| **encourager à** | to encourage (to do) |
| **s'engager à** | to undertake (to do) |
| **enseigner à** | to teach how (to do) |
| **s'évertuer à** | to try hard (to do) |
| **forcer à** | to force (to do) |
| **s'habituer à** | to get used (to doing) |
| **hésiter à** | to hesitate (to do) |
| **inciter à** | to prompt (to do) |
| **s'intéresser à** | to be interested in (doing) |
| **inviter à** | to invite (to do) |
| **se mettre à** | to start (doing) |
| **obliger à** | to force (to do) |
| **s'obstiner à** | to persist (in doing) |
| **parvenir à** | to succeed in (doing) |
| **passer son temps à** | to spend one's time (doing) |
| **perdre son temps à** | to waste one's time (doing) |
| **persister à** | to persist (in doing) |

| pousser à | to urge (to do) |
| se préparer à | to get ready (to do) |
| renoncer à | to give up (doing) |
| rester à | to be left (to do) |
| réussir à | to succeed in (doing) |
| servir à | to be used for (doing) |
| songer à | to think of (doing) |
| tarder à | to delay (doing) |
| tenir à | to be keen (to do) |

3. *VERBS FOLLOWED BY AN INFINITIVE WITH THE LINKING PREPOSITION* **de:**

| accepter de | to agree (to do) |
| accuser de | to accuse of (doing) |
| achever de | to finish (doing) |
| s'arrêter de | to stop (doing) |
| avoir besoin de | to need (to do) |
| avoir envie de | to feel like (doing) |
| avoir peur de | to be afraid (to do) |
| cesser de | to stop (doing) |
| se charger de | to undertake (to do) |
| commander de | to order (to do) |
| conseiller de | to advise (to do) |
| se contenter de | to make do with (doing) |
| continuer de | to continue (to do) |
| craindre de | to be afraid (to do) |
| décider de | to decide (to do) |
| déconseiller de | to advise against (doing) |
| défendre de | to forbid (to do) |
| demander de | to ask (to do) |
| se dépêcher de | to hurry (to do) |
| dire de | to tell (to do) |
| dissuader de | to dissuade from (doing) |
| s'efforcer de | to try (to do) |
| empêcher de | to prevent (from doing) |
| s'empresser de | to hasten (to do) |
| entreprendre de | to undertake (to do) |
| envisager de | to intend to (do) |
| essayer de | to try (to do) |
| s'étonner de | to be surprised (at doing) |
| éviter de | to avoid (doing) |

| | |
|---|---|
| **s'excuser de** | to apologize for (doing) |
| **faire semblant de** | to pretend (to do) |
| **feindre de** | to pretend (to do) |
| **finir de** | to finish (doing) |
| **se garder de** | to be careful not to (do) |
| **se hâter de** | to hasten (to do) |
| **interdire de** | to forbid (to do) |
| **jurer de** | to swear (to do) |
| **manquer de** | 'to nearly' do |
| **menacer de** | to threaten (to do) |
| **mériter de** | to deserve (to do) |
| **négliger de** | to fail (to do) |
| **s'occuper de** | to undertake (to do) |
| **offrir de** | to offer (to do) |
| **omettre de** | to omit (to do) |
| **ordonner de** | to order (to do) |
| **oublier de** | to forget (to do) |
| **permettre de** | to allow (to do) |
| **persuader de** | to persuade (to do) |
| **prier de** | to ask (to do) |
| **promettre de** | to promise (to do) |
| **proposer de** | to offer (to do) |
| **recommander de** | to recommend (to do) |
| **refuser de** | to refuse (to do) |
| **regretter de** | to be sorry (to do) |
| **remercier de** | to thank for (doing) |
| **résoudre de** | to resolve (to do) |
| **se retenir de** | to restrain oneself (from doing) |
| **risquer de** | to risk (doing) |
| **se souvenir de** | to remember (doing) |
| **suggérer de** | to suggest (doing) |
| **supplier de** | to implore (to do) |
| **tâcher de** | to try (to do) |
| **tenter de** | to try (to do) |
| **venir de** | 'to have just' (done) |

# VERB TABLES

# 1 ACCROITRE
## to increase

| PRESENT | IMPERFECT | FUTURE |
|---|---|---|
| j'accrois | j'accroissais | j'accroîtrai |
| tu accrois | tu accroissais | tu accroîtras |
| il accroît | il accroissait | il accroîtra |
| nous accroissons | nous accroissions | nous accroîtrons |
| vous accroissez | vous accroissiez | vous accroîtrez |
| ils accroissent | ils accroissaient | ils accroîtront |

| PAST HISTORIC | PERFECT | PLUPERFECT |
|---|---|---|
| j'accrus | j'ai accru | j'avais accru |
| tu accrus | tu as accru | tu avais accru |
| il accrut | il a accru | il avait accru |
| nous accrûmes | nous avons accru | nous avions accru |
| vous accrûtes | vous avez accru | vous aviez accru |
| ils accrurent | ils ont accru | ils avaient accru |

| PAST ANTERIOR | FUTURE PERFECT |
|---|---|
| j'eus accru etc | j'aurai accru etc |

| IMPERATIVE | CONDITIONAL | |
|---|---|---|
| | PRESENT | PAST |
| accrois | j'accroîtrais | j'aurais accru |
| accroissons | tu accroîtrais | tu aurais accru |
| accroissez | il accroîtrait | il aurait accru |
| | nous accroîtrions | nous aurions accru |
| | vous accroîtriez | vous auriez accru |
| | ils accroîtraient | ils auraient accru |

## SUBJUNCTIVE

| PRESENT | IMPERFECT | PERFECT |
|---|---|---|
| j'accroisse | j'accrusse | j'aie accru |
| tu accroisses | tu accrusses | tu aies accru |
| il accroisse | il accrût | il ait accru |
| nous accroissions | nous accrussions | nous ayons accru |
| vous accroissiez | vous accrussiez | vous ayez accru |
| ils accroissent | ils accrussent | ils aient accru |

| INFINITIVE | PARTICIPLE |
|---|---|
| PRESENT | PRESENT |
| accroître | accroissant |
| PAST | PAST |
| avoir accru | accru |

# ACCUEILLIR
to welcome

**PRESENT**

j'accueille
tu accueilles
il accueille
nous accueillons
vous accueillez
ils accueillent

**IMPERFECT**

j'accueillais
tu accueillais
il accueillait
nous accueillions
vous accueilliez
ils accueillaient

**FUTURE**

j'accueillerai
tu accueilleras
il accueillera
nous accueillerons
vous accueillerez
ils accueilleront

**PAST HISTORIC**

j'accueillis
tu accueillis
il accueillit
nous accueillîmes
vous accueillîtes
ils accueillirent

**PERFECT**

j'ai accueilli
tu as accueilli
il a accueilli
nous avons accueilli
vous avez accueilli
ils ont accueilli

**PLUPERFECT**

j'avais accueilli
tu avais accueilli
il avait accueilli
nous avions accueilli
vous aviez accueilli
ils avaient accueilli

**PAST ANTERIOR**

j'eus accueilli etc

**FUTURE PERFECT**

j'aurai accueilli etc

---

*IMPERATIVE*

accueille
accueillons
accueillez

*CONDITIONAL*

**PRESENT**

j'accueillerais
tu accueillerais
il accueillerait
nous accueillerions
vous accueilleriez
ils accueilleraient

**PAST**

j'aurais accueilli
tu aurais accueilli
il aurait accueilli
nous aurions accueilli
vous auriez accueilli
ils auraient accueilli

---

*SUBJUNCTIVE*

**PRESENT**

j'accueille
tu accueilles
il accueille
nous accueillions
vous accueilliez
ils accueillent

**IMPERFECT**

j'accueillisse
tu accueillisses
il accueillît
nous accueillissions
vous accueillissiez
ils accueillissent

**PERFECT**

j'aie accueilli
tu aies accueilli
il ait accueilli
nous ayons accueilli
vous ayez accueilli
ils aient accueilli

---

*INFINITIVE*

**PRESENT**

accueillir

**PAST**

avoir accueilli

*PARTICIPLE*

**PRESENT**

accueillant

**PAST**

accueilli

# 3

## ACHETER
to buy

| PRESENT | IMPERFECT | FUTURE |
|---|---|---|
| j'achète | j'achetais | j'achèterai |
| tu achètes | tu achetais | tu achèteras |
| il achète | il achetait | il achètera |
| nous achetons | nous achetions | nous achèterons |
| vous achetez | vous achetiez | vous achèterez |
| ils achètent | ils achetaient | ils achèteront |

| PAST HISTORIC | PERFECT | PLUPERFECT |
|---|---|---|
| j'achetai | j'ai acheté | j'avais acheté |
| tu achetas | tu as acheté | tu avais acheté |
| il acheta | il a acheté | il avait acheté |
| nous achetâmes | nous avons acheté | nous avions acheté |
| vous achetâtes | vous avez acheté | vous aviez acheté |
| ils achetèrent | ils ont acheté | ils avaient acheté |

| PAST ANTERIOR | FUTURE PERFECT |
|---|---|
| j'eus acheté etc | j'aurai acheté etc |

| IMPERATIVE | CONDITIONAL | |
|---|---|---|
| | PRESENT | PAST |
| achète | j'achèterais | j'aurais acheté |
| achetons | tu achèterais | tu aurais acheté |
| achetez | il achèterait | il aurait acheté |
| | nous achèterions | nous aurions acheté |
| | vous achèteriez | vous auriez acheté |
| | ils achèteraient | ils auraient acheté |

## SUBJUNCTIVE

| PRESENT | IMPERFECT | PERFECT |
|---|---|---|
| j'achète | j'achetasse | j'aie acheté |
| tu achètes | tu achetasses | tu aies acheté |
| il achète | il achetât | il ait acheté |
| nous achetions | nous achetassions | nous ayons acheté |
| vous achetiez | vous achetassiez | vous ayez acheté |
| ils achètent | ils achetassent | ils aient acheté |

| INFINITIVE | PARTICIPLE |
|---|---|
| PRESENT | PRESENT |
| acheter | achetant |
| PAST | PAST |
| avoir acheté | acheté |

# ACQUERIR
## to acquire

| PRESENT | IMPERFECT | FUTURE |
|---|---|---|
| j'acquiers | j'acquérais | j'acquerrai |
| tu acquiers | tu acquérais | tu acquerras |
| il acquiert | il acquérait | il acquerra |
| nous acquérons | nous acquérions | nous acquerrons |
| vous acquérez | vous acquériez | vous acquerrez |
| ils acquièrent | ils acquéraient | ils acquerront |

| PAST HISTORIC | PERFECT | PLUPERFECT |
|---|---|---|
| j'acquis | j'ai acquis | j'avais acquis |
| tu acquis | tu as acquis | tu avais acquis |
| il acquit | il a acquis | il avait acquis |
| nous acquîmes | nous avons acquis | nous avions acquis |
| vous acquîtes | vous avez acquis | vous aviez acquis |
| ils acquirent | ils ont acquis | ils avaient acquis |

| PAST ANTERIOR | FUTURE PERFECT |
|---|---|
| j'eus acquis etc | j'aurai acquis etc |

| IMPERATIVE | CONDITIONAL | |
|---|---|---|
| | PRESENT | |
| acquiers | j'acquerrais | PAST |
| acquérons | tu acquerrais | j'aurais acquis |
| acquérez | il acquerrait | tu aurais acquis |
| | nous acquerrions | il aurait acquis |
| | vous acquerriez | nous aurions acquis |
| | ils acquerraient | vous auriez acquis |
| | | ils auraient acquis |

## SUBJUNCTIVE

| PRESENT | IMPERFECT | PERFECT |
|---|---|---|
| j'acquière | j'acquisse | j'aie acquis |
| tu acquières | tu acquisses | tu aies acquis |
| il acquière | il acquît | il ait acquis |
| nous acquérions | nous acquissions | nous ayons acquis |
| vous acquériez | vous acquissiez | vous ayez acquis |
| ils acquièrent | ils acquissent | ils aient acquis |

| INFINITIVE | PARTICIPLE |
|---|---|
| PRESENT | PRESENT |
| acquérir | acquérant |
| PAST | PAST |
| avoir acquis | acquis |

# 5

## ADVENIR
### to happen

| PRESENT | IMPERFECT | FUTURE |
|---|---|---|
| il advient | il advenait | il adviendra |
| ils adviennent | ils advenaient | ils adviendront |

| PAST HISTORIC | PERFECT | PLUPERFECT |
|---|---|---|
| il advint | il est advenu | il était advenu |
| ils advinrent | ils sont advenus | ils étaient advenus |

| PAST ANTERIOR | FUTURE PERFECT | |
|---|---|---|
| il fut advenu etc | il sera advenu etc | |

| *IMPERATIVE* | *CONDITIONAL* | |
|---|---|---|
| | **PRESENT** | **PAST** |
| | il adviendrait | il serait advenu |
| | ils adviendraient | ils seraient advenus |

## *SUBJUNCTIVE*

| PRESENT | IMPERFECT | PERFECT |
|---|---|---|
| il advienne | il advînt | il soit advenu |
| ils adviennent | ils advinssent | ils soient advenus |

| *INFINITIVE* | *PARTICIPLE* |
|---|---|
| **PRESENT** | **PRESENT** |
| advenir | |
| **PAST** | **PAST** |
| être advenu | advenu |

# AFFAIBLIR
to weaken

**PRESENT**

j'affaiblis
tu affaiblis
il affaiblit
nous affaiblissons
vous affaiblissez
ils affaiblissent

**IMPERFECT**

j'affaiblissais
tu affaiblissais
il affaiblissait
nous affaiblissions
vous affaiblissiez
ils affaiblissaient

**FUTURE**

j'affaiblirai
tu affaibliras
il affaiblira
nous affaiblirons
vous affaiblirez
ils affaibliront

**PAST HISTORIC**

j'affaiblis
tu affaiblis
il affaiblit
nous affaiblîmes
vous affaiblîtes
ils affaiblirent

**PERFECT**

j'ai affaibli
tu as affaibli
il a affaibli
nous avons affaibli
vous avez affaibli
ils ont affaibli

**PLUPERFECT**

j'avais affaibli
tu avais affaibli
il avait affaibli
nous avions affaibli
vous aviez affaibli
ils avaient affaibli

**PAST ANTERIOR**

j'eus affaibli etc

**FUTURE PERFECT**

j'aurai affaibli etc

*IMPERATIVE*

affaiblis
affaiblissons
affaiblissez

*CONDITIONAL*

**PRESENT**

j'affaiblirais
tu affaiblirais
il affaiblirait
nous affaiblirions
vous affaibliriez
ils affaibliraient

**PAST**

j'aurais affaibli
tu aurais affaibli
il aurait affaibli
nous aurions affaibli
vous auriez affaibli
ils auraient affaibli

*SUBJUNCTIVE*

**PRESENT**

j'affaiblisse
tu affaiblisses
il affaiblisse
nous affaiblissions
vous affaiblissiez
ils affaiblissent

**IMPERFECT**

j'affaiblisse
tu affaiblisses
il affaiblît
nous affaiblissions
vous affaiblissiez
ils affaiblissent

**PERFECT**

j'aie affaibli
tu aies affaibli
il ait affaibli
nous ayons affaibli
vous ayez affaibli
ils aient affaibli

*INFINITIVE*

**PRESENT**

affaiblir

**PAST**

avoir affaibli

*PARTICIPLE*

**PRESENT**

affaiblissant

**PAST**

affaibli

# 7     AGIR
to act

| PRESENT | IMPERFECT | FUTURE |
|---|---|---|
| j'agis | j'agissais | j'agirai |
| tu agis | tu agissais | tu agiras |
| il agit | il agissait | il agira |
| nous agissons | nous agissions | nous agirons |
| vous agissez | vous agissiez | vous agirez |
| ils agissent | ils agissaient | ils agiront |

| PAST HISTORIC | PERFECT | PLUPERFECT |
|---|---|---|
| j'agis | j'ai agi | j'avais agi |
| tu agis | tu as agi | tu avais agi |
| il agit | il a agi | il avait agi |
| nous agîmes | nous avons agi | nous avions agi |
| vous agîtes | vous avez agi | vous aviez agi |
| ils agirent | ils ont agi | ils avaient agi |

| PAST ANTERIOR | FUTURE PERFECT |
|---|---|
| j'eus agi etc | j'aurai agi etc |

| IMPERATIVE | CONDITIONAL | |
|---|---|---|
| | PRESENT | PAST |
| agis | j'agirais | j'aurais agi |
| agissons | tu agirais | tu aurais agi |
| agissez | il agirait | il aurait agi |
| | nous agirions | nous aurions agi |
| | vous agiriez | vous auriez agi |
| | ils agiraient | ils auraient agi |

## SUBJUNCTIVE

| PRESENT | IMPERFECT | PERFECT |
|---|---|---|
| j'agisse | j'agisse | j'aie agi |
| tu agisses | tu agisses | tu aies agi |
| il agisse | il agît | il ait agi |
| nous agissions | nous agissions | nous ayons agi |
| vous agissiez | vous agissiez | vous ayez agi |
| ils agissent | ils agissent | ils aient agi |

| INFINITIVE | PARTICIPLE |
|---|---|
| PRESENT | PRESENT |
| agir | agissant |
| PAST | PAST |
| avoir agi | agi |

# AIMER
to like, to love

| PRESENT | IMPERFECT | FUTURE |
|---|---|---|
| j'aime | j'aimais | j'aimerai |
| tu aimes | tu aimais | tu aimeras |
| il aime | il aimait | il aimera |
| nous aimons | nous aimions | nous aimerons |
| vous aimez | vous aimiez | vous aimerez |
| ils aiment | ils aimaient | ils aimeront |

| PAST HISTORIC | PERFECT | PLUPERFECT |
|---|---|---|
| j'aimai | j'ai aimé | j'avais aimé |
| tu aimas | tu as aimé | tu avais aimé |
| il aima | il a aimé | il avait aimé |
| nous aimâmes | nous avons aimé | nous avions aimé |
| vous aimâtes | vous avez aimé | vous aviez aimé |
| ils aimèrent | ils ont aimé | ils avaient aimé |

| PAST ANTERIOR | FUTURE PERFECT |
|---|---|
| j'eus aimé etc | j'aurai aimé etc |

| IMPERATIVE | CONDITIONAL | |
|---|---|---|
| | PRESENT | PAST |
| aime | j'aimerais | j'aurais aimé |
| aimons | tu aimerais | tu aurais aimé |
| aimez | il aimerait | il aurait aimé |
| | nous aimerions | nous aurions aimé |
| | vous aimeriez | vous auriez aimé |
| | ils aimeraient | ils auraient aimé |

## SUBJUNCTIVE

| PRESENT | IMPERFECT | PERFECT |
|---|---|---|
| j'aime | j'aimasse | j'aie aimé |
| tu aimes | tu aimasses | tu aies aimé |
| il aime | il aimât | il ait aimé |
| nous aimions | nous aimassions | nous ayons aimé |
| vous aimiez | vous aimassiez | vous ayez aimé |
| ils aiment | ils aimassent | ils aient aimé |

| INFINITIVE | PARTICIPLE |
|---|---|
| PRESENT | PRESENT |
| aimer | aimant |
| PAST | PAST |
| avoir aimé | aimé |

# 9 ALLER
## to go

| **PRESENT** | **IMPERFECT** | **FUTURE** |
|---|---|---|
| je vais | j'allais | j'irai |
| tu vas | tu allais | tu iras |
| il va | il allait | il ira |
| nous allons | nous allions | nous irons |
| vous allez | vous alliez | vous irez |
| ils vont | ils allaient | ils iront |

| **PAST HISTORIC** | **PERFECT** | **PLUPERFECT** |
|---|---|---|
| j'allai | je suis allé | j'étais allé |
| tu allas | tu es allé | tu étais allé |
| il alla | il est allé | il était allé |
| nous allâmes | nous sommes allés | nous étions allés |
| vous allâtes | vous êtes allé(s) | vous étiez allé(s) |
| ils allèrent | ils sont allés | ils étaient allés |

| **PAST ANTERIOR** | **FUTURE PERFECT** |
|---|---|
| je fus allé etc | je serai allé etc |

| **IMPERATIVE** | **CONDITIONAL** | |
|---|---|---|
| | **PRESENT** | **PAST** |
| va | j'irais | je serais allé |
| allons | tu irais | tu serais allé |
| allez | il irait | il serait allé |
| | nous irions | nous serions allés |
| | vous iriez | vous seriez allé(s) |
| | ils iraient | ils seraient allés |

## SUBJUNCTIVE

| **PRESENT** | **IMPERFECT** | **PERFECT** |
|---|---|---|
| j'aille | j'allasse | je sois allé |
| tu ailles | tu allasses | tu sois allé |
| il aille | il allât | il soit allé |
| nous allions | nous allassions | nous soyons allés |
| vous alliez | vous allassiez | vous soyez allé(s) |
| ils aillent | ils allassent | ils soient allés |

| **INFINITIVE** | **PARTICIPLE** |
|---|---|
| **PRESENT** | **PRESENT** |
| aller | allant |
| **PAST** | **PAST** |
| être allé | allé |

# S'EN ALLER
to go away

| PRESENT | IMPERFECT | FUTURE |
|---|---|---|
| je m'en vais | je m'en allais | je m'en irai |
| tu t'en vas | tu t'en allais | tu t'en iras |
| il s'en va | il s'en allait | il s'en ira |
| nous nous en allons | nous nous en allions | nous nous en irons |
| vous vous en allez | vous vous en alliez | vous vous en irez |
| ils s'en vont | ils s'en allaient | ils s'en iront |

| PAST HISTORIC | PERFECT | PLUPERFECT |
|---|---|---|
| je m'en allai | je m'en suis allé | je m'en étais allé |
| tu t'en allas | tu t'en es allé | tu t'en étais allé |
| il s'en alla | il s'en est allé | il s'en était allé |
| nous nous en allâmes | nous ns. en sommes allés | nous ns. en étions allés |
| vous vous en allâtes | vous vs. en êtes allé(s) | vous vs. en étiez allé(s) |
| ils s'en allèrent | ils s'en sont allés | ils s'en étaient allés |

| PAST ANTERIOR | FUTURE PERFECT |
|---|---|
| je m'en fus allé etc | je m'en serai allé etc |

| IMPERATIVE | CONDITIONAL | |
|---|---|---|
| | **PRESENT** | **PAST** |
| va-t'en | je m'en irais | je m'en serais allé |
| allons-nous-en | tu t'en irais | tu t'en serais allé |
| allez-vous-en | il s'en irait | il s'en serait allé |
| | nous nous en irions | nous nous en serions allés |
| | vous vous en iriez | vous vous en seriez allé(s) |
| | ils s'en iraient | ils s'en seraient allés |

## SUBJUNCTIVE

| PRESENT | IMPERFECT | PERFECT |
|---|---|---|
| je m'en aille | je m'en allasse | je m'en sois allé |
| tu t'en ailles | tu t'en allasses | tu t'en sois allé |
| il s'en aille | il s'en allât | il s'en soit allé |
| nous nous en allions | nous nous en allassions | nous nous en soyons allés |
| vous vous en alliez | vous vous en allassiez | vous vous en soyez allé(s) |
| ils s'en aillent | ils s'en allassent | ils s'en soient allés |

| INFINITIVE | PARTICIPLE |
|---|---|
| **PRESENT** | **PRESENT** |
| s'en aller | s'en allant |
| **PAST** | **PAST** |
| s'en être allé | en allé |

# 11

## ANNONCER
### to announce

| PRESENT | IMPERFECT | FUTURE |
|---|---|---|
| j'annonce | j'annonçais | j'annoncerai |
| tu annonces | tu annonçais | tu annonceras |
| il annonce | il annonçait | il annoncera |
| nous annonçons | nous annoncions | nous annoncerons |
| vous annoncez | vous annonciez | vous annoncerez |
| ils annoncent | ils annonçaient | ils annonceront |

| PAST HISTORIC | PERFECT | PLUPERFECT |
|---|---|---|
| j'annonçai | j'ai annoncé | j'avais annoncé |
| tu annonças | tu as annoncé | tu avais annoncé |
| il annonça | il a annoncé | il avait annoncé |
| nous annonçâmes | nous avons annoncé | nous avions annoncé |
| vous annonçâtes | vous avez annoncé | vous aviez annoncé |
| ils annoncèrent | ils ont annoncé | ils avaient annoncé |

| PAST ANTERIOR | FUTURE PERFECT |
|---|---|
| j'eus annoncé etc | j'aurai annoncé etc |

| IMPERATIVE | CONDITIONAL | |
|---|---|---|
| | PRESENT | PAST |
| annonce | j'annoncerais | j'aurais annoncé |
| annonçons | tu annoncerais | tu aurais annoncé |
| annoncez | il annoncerait | il aurait annoncé |
| | nous annoncerions | nous aurions annoncé |
| | vous annonceriez | vous auriez annoncé |
| | ils annonceraient | ils auraient annoncé |

## SUBJUNCTIVE

| PRESENT | IMPERFECT | PERFECT |
|---|---|---|
| j'annonce | j'annonçasse | j'aie annoncé |
| tu annonces | tu annonçasses | tu aies annoncé |
| il annonce | il annonçât | il ait annoncé |
| nous annoncions | nous annonçassions | nous ayons annoncé |
| vous annonciez | vous annonçassiez | vous ayez annoncé |
| ils annoncent | ils annonçassent | ils aient annoncé |

| INFINITIVE | PARTICIPLE |
|---|---|
| PRESENT | PRESENT |
| annoncer | annonçant |
| PAST | PAST |
| avoir annoncé | annoncé |

# APERCEVOIR
to see

**12**

## PRESENT
j'aperçois
tu aperçois
il aperçoit
nous apercevons
vous apercevez
ils aperçoivent

## IMPERFECT
j'apercevais
tu apercevais
il apercevait
nous apercevions
vous aperceviez
ils apercevaient

## FUTURE
j'apercevrai
tu apercevras
il apercevra
nous apercevrons
vous apercevrez
ils apercevront

## PAST HISTORIC
j'aperçus
tu aperçus
il aperçut
nous aperçûmes
vous aperçûtes
ils aperçurent

## PERFECT
j'ai aperçu
tu as aperçu
il a aperçu
nous avons aperçu
vous avez aperçu
ils ont aperçu

## PLUPERFECT
j'avais aperçu
tu avais aperçu
il avait aperçu
nous avions aperçu
vous aviez aperçu
ils avaient aperçu

## PAST ANTERIOR
j'eus aperçu etc

## FUTURE PERFECT
j'aurai aperçu etc

## *IMPERATIVE*

aperçois
apercevons
apercevez

## *CONDITIONAL*
### PRESENT
j'apercevrais
tu apercevrais
il apercevrait
nous apercevrions
vous apercevriez
ils apercevraient

### PAST
j'aurais aperçu
tu aurais aperçu
il aurait aperçu
nous aurions aperçu
vous auriez aperçu
ils auraient aperçu

## *SUBJUNCTIVE*
### PRESENT
j'aperçoive
tu aperçoives
il aperçoive
nous apercevions
vous aperceviez
ils aperçoivent

### IMPERFECT
j'aperçusse
tu aperçusses
il aperçût
nous aperçussions
vous aperçussiez
ils aperçussent

### PERFECT
j'aie aperçu
tu aies aperçu
il ait aperçu
nous ayons aperçu
vous ayez aperçu
ils aient aperçu

## *INFINITIVE*
### PRESENT
apercevoir

### PAST
avoir aperçu

## *PARTICIPLE*
### PRESENT
apercevant

### PAST
aperçu

# 13 APPARTENIR
## to belong

| PRESENT | IMPERFECT | FUTURE |
|---|---|---|
| j'appartiens | j'appartenais | j'appartiendrai |
| tu appartiens | tu appartenais | tu appartiendras |
| il appartient | il appartenait | il appartiendra |
| nous appartenons | nous appartenions | nous appartiendrons |
| vous appartenez | vous apparteniez | vous appartiendrez |
| ils appartiennent | ils appartenaient | ils appartiendront |

| PAST HISTORIC | PERFECT | PLUPERFECT |
|---|---|---|
| j'appartins | j'ai appartenu | j'avais appartenu |
| tu appartins | tu as appartenu | tu avais appartenu |
| il appartint | il a appartenu | il avait appartenu |
| nous appartînmes | nous avons appartenu | nous avions appartenu |
| vous appartîntes | vous avez appartenu | vous aviez appartenu |
| ils appartinrent | ils ont appartenu | ils avaient appartenu |

| PAST ANTERIOR | FUTURE PERFECT |
|---|---|
| j'eus appartenu etc | j'aurai appartenu etc |

| IMPERATIVE | CONDITIONAL | |
|---|---|---|
| | PRESENT | PAST |
| appartiens | j'appartiendrais | j'aurais appartenu |
| appartenons | tu appartiendrais | tu aurais appartenu |
| appartenez | il appartiendrait | il aurait appartenu |
| | nous appartiendrions | nous aurions appartenu |
| | vous appartiendriez | vous auriez appartenu |
| | ils appartiendraient | ils auraient appartenu |

## SUBJUNCTIVE

| PRESENT | IMPERFECT | PERFECT |
|---|---|---|
| j'appartienne | j'appartinsse | j'aie appartenu |
| tu appartiennes | tu appartinsses | tu aies appartenu |
| il appartienne | il appartînt | il ait appartenu |
| nous appartenions | nous appartinssions | nous ayons appartenu |
| vous apparteniez | vous appartinssiez | vous ayez appartenu |
| ils appartiennent | ils appartinssent | ils aient appartenu |

| INFINITIVE | PARTICIPLE |
|---|---|
| PRESENT | PRESENT |
| appartenir | appartenant |
| PAST | PAST |
| avoir appartenu | appartenu |

# APPELER
to call

**14**

| PRESENT | IMPERFECT | FUTURE |
|---|---|---|
| j'appelle | j'appelais | j'appellerai |
| tu appelles | tu appelais | tu appelleras |
| il appelle | il appelait | il appellera |
| nous appelons | nous appelions | nous appellerons |
| vous appelez | vous appeliez | vous appellerez |
| ils appellent | ils appelaient | ils appelleront |

| PAST HISTORIC | PERFECT | PLUPERFECT |
|---|---|---|
| j'appelai | j'ai appelé | j'avais appelé |
| tu appelas | tu as appelé | tu avais appelé |
| il appela | il a appelé | il avait appelé |
| nous appelâmes | nous avons appelé | nous avions appelé |
| vous appelâtes | vous avez appelé | vous aviez appelé |
| ils appelèrent | ils ont appelé | ils avaient appelé |

| PAST ANTERIOR | FUTURE PERFECT |
|---|---|
| j'eus appelé etc | j'aurai appelé etc |

| IMPERATIVE | CONDITIONAL | |
|---|---|---|
| | PRESENT | PAST |
| appelle | j'appellerais | j'aurais appelé |
| appelons | tu appellerais | tu aurais appelé |
| appelez | il appellerait | il aurait appelé |
| | nous appellerions | nous aurions appelé |
| | vous appelleriez | vous auriez appelé |
| | ils appelleraient | ils auraient appelé |

## SUBJUNCTIVE

| PRESENT | IMPERFECT | PERFECT |
|---|---|---|
| j'appelle | j'appelasse | j'aie appelé |
| tu appelles | tu appelasses | tu aies appelé |
| il appelle | il appelât | il ait appelé |
| nous appelions | nous appelassions | nous ayons appelé |
| vous appeliez | vous appelassiez | vous ayez appelé |
| ils appellent | ils appelassent | ils aient appelé |

| INFINITIVE | PARTICIPLE |
|---|---|
| PRESENT | PRESENT |
| appeler | appelant |
| PAST | PAST |
| avoir appelé | appelé |

# 15 APPRECIER
## to appreciate

**PRESENT**
j'apprécie
tu apprécies
il apprécie
nous apprécions
vous appréciez
ils apprécient

**IMPERFECT**
j'appréciais
tu appréciais
il appréciait
nous appréciions
vous appréciiez
ils appréciaient

**FUTURE**
j'apprécierai
tu apprécieras
il appréciera
nous apprécierons
vous apprécierez
ils apprécieront

**PAST HISTORIC**
j'appréciai
tu apprécias
il apprécia
nous appréciâmes
vous appréciâtes
ils apprécièrent

**PERFECT**
j'ai apprécié
tu as apprécié
il a apprécié
nous avons apprécié
vous avez apprécié
ils ont apprécié

**PLUPERFECT**
j'avais apprécié
tu avais apprécié
il avait apprécié
nous avions apprécié
vous aviez apprécié
ils avaient apprécié

**PAST ANTERIOR**
j'eus apprécié etc

**FUTURE PERFECT**
j'aurai apprécié etc

**IMPERATIVE**

apprécie
apprécions
appréciez

**CONDITIONAL**
**PRESENT**
j'apprécierais
tu apprécierais
il apprécierait
nous apprécierions
vous apprécieriez
ils apprécieraient

**PAST**
j'aurais apprécié
tu aurais apprécié
il aurait apprécié
nous aurions apprécié
vous auriez apprécié
ils auraient apprécié

**SUBJUNCTIVE**
**PRESENT**
j'apprécie
tu apprécies
il apprécie
nous appréciions
vous appréciiez
ils apprécient

**IMPERFECT**
j'appréciasse
tu appréciasses
il appréciât
nous appréciassions
vous appréciassiez
ils appréciassent

**PERFECT**
j'aie apprécié
tu aies apprécié
il ait apprécié
nous ayons apprécié
vous ayez apprécié
ils aient apprécié

**INFINITIVE**
**PRESENT**
apprécier
**PAST**
avoir apprécié

**PARTICIPLE**
**PRESENT**
appréciant
**PAST**
apprécié

# APPRENDRE
to learn

**16**

## PRESENT
j'apprends
tu apprends
il apprend
nous apprenons
vous apprenez
ils apprennent

## IMPERFECT
j'apprenais
tu apprenais
il apprenait
nous apprenions
vous appreniez
ils apprenaient

## FUTURE
j'apprendrai
tu apprendras
il apprendra
nous apprendrons
vous apprendrez
ils apprendront

## PAST HISTORIC
j'appris
tu appris
il apprit
nous apprîmes
vous apprîtes
ils apprirent

## PERFECT
j'ai appris
tu as appris
il a appris
nous avons appris
vous avez appris
ils ont appris

## PLUPERFECT
j'avais appris
tu avais appris
il avait appris
nous avions appris
vous aviez appris
ils avaient appris

## PAST ANTERIOR
j'eus appris etc

## FUTURE PERFECT
j'aurai appris etc

## IMPERATIVE

apprends
apprenons
apprenez

## CONDITIONAL
### PRESENT
j'apprendrais
tu apprendrais
il apprendrait
nous apprendrions
vous apprendriez
ils apprendraient

### PAST
j'aurais appris
tu aurais appris
il aurait appris
nous aurions appris
vous auriez appris
ils auraient appris

## SUBJUNCTIVE
### PRESENT
j'apprenne
tu apprennes
il apprenne
nous apprenions
vous appreniez
ils apprennent

### IMPERFECT
j'apprisse
tu apprisses
il apprît
nous apprissions
vous apprissiez
ils apprissent

### PERFECT
j'aie appris
tu aies appris
il ait appris
nous ayons appris
vous ayez appris
ils aient appris

## INFINITIVE
### PRESENT
apprendre
### PAST
avoir appris

## PARTICIPLE
### PRESENT
apprenant
### PAST
appris

# 17 APPUYER
to push, to lean

| PRESENT | IMPERFECT | FUTURE |
|---|---|---|
| j'appuie | j'appuyais | j'appuierai |
| tu appuies | tu appuyais | tu appuieras |
| il appuie | il appuyait | il appuiera |
| nous appuyons | nous appuyions | nous appuierons |
| vous appuyez | vous appuyiez | vous appuierez |
| ils appuient | ils appuyaient | ils appuieront |

| PAST HISTORIC | PERFECT | PLUPERFECT |
|---|---|---|
| j'appuyai | j'ai appuyé | j'avais appuyé |
| tu appuyas | tu as appuyé | tu avais appuyé |
| il appuya | il a appuyé | il avait appuyé |
| nous appuyâmes | nous avons appuyé | nous avions appuyé |
| vous appuyâtes | vous avez appuyé | vous aviez appuyé |
| ils appuyèrent | ils ont appuyé | ils avaient appuyé |

| PAST ANTERIOR | FUTURE PERFECT |
|---|---|
| j'eus appuyé etc | j'aurai appuyé etc |

| IMPERATIVE | CONDITIONAL | |
|---|---|---|
| | PRESENT | PAST |
| appuie | j'appuierais | j'aurais appuyé |
| appuyons | tu appuierais | tu aurais appuyé |
| appuyez | il appuierait | il aurait appuyé |
| | nous appuierions | nous aurions appuyé |
| | vous appuieriez | vous auriez appuyé |
| | ils appuieraient | ils auraient appuyé |

## SUBJUNCTIVE

| PRESENT | IMPERFECT | PERFECT |
|---|---|---|
| j'appuie | j'appuyasse | j'aie appuyé |
| tu appuies | tu appuyasses | tu aies appuyé |
| il appuie | il appuyât | il ait appuyé |
| nous appuyions | nous appuyassions | nous ayons appuyé |
| vous appuyiez | vous appuyassiez | vous ayez appuyé |
| ils appuient | ils appuyassent | ils aient appuyé |

| INFINITIVE | PARTICIPLE |
|---|---|
| PRESENT | PRESENT |
| appuyer | appuyant |
| PAST | PAST |
| avoir appuyé | appuyé |

# ARGUER
to argue

| PRESENT | IMPERFECT | FUTURE |
|---------|-----------|--------|
| j'argue | j'arguais | j'arguerai |
| tu argues | tu arguais | tu argueras |
| il argue | il arguait | il arguera |
| nous arguons | nous arguions | nous arguerons |
| vous arguez | vous arguiez | vous arguerez |
| ils arguent | ils arguaient | ils argueront |

| PAST HISTORIC | PERFECT | PLUPERFECT |
|---------------|---------|------------|
| j'arguai | j'ai argué | j'avais argué |
| tu arguas | tu as argué | tu avais argué |
| il argua | il a argué | il avait argué |
| nous arguâmes | nous avons argué | nous avions argué |
| vous arguâtes | vous avez argué | vous aviez argué |
| ils arguèrent | ils ont argué | ils avaient argué |

| PAST ANTERIOR | FUTURE PERFECT |
|---------------|----------------|
| j'eus argué etc | j'aurai argué etc |

| IMPERATIVE | CONDITIONAL | |
|------------|-------------|---|
| | PRESENT | PAST |
| argue | j'arguerais | j'aurais argué |
| arguons | tu arguerais | tu aurais argué |
| arguez | il arguerait | il aurait argué |
| | nous arguerions | nous aurions argué |
| | vous argueriez | vous auriez argué |
| | ils argueraient | ils auraient argué |

## SUBJUNCTIVE

| PRESENT | IMPERFECT | PERFECT |
|---------|-----------|---------|
| j'argue | j'arguasse | j'aie argué |
| tu argues | tu arguasses | tu aies argué |
| il argue | il arguât | il ait argué |
| nous arguions | nous arguassions | nous ayons argué |
| vous arguiez | vous arguassiez | vous ayez argué |
| ils arguent | ils arguassent | ils aient argué |

| INFINITIVE | PARTICIPLE |
|------------|------------|
| PRESENT | PRESENT |
| arguer | arguant |
| PAST | PAST |
| avoir argué | argué |

# 19

## ARRIVER
### to arrive, to happen

| PRESENT | IMPERFECT | FUTURE |
|---|---|---|
| j'arrive | j'arrivais | j'arriverai |
| tu arrives | tu arrivais | tu arriveras |
| il arrive | il arrivait | il arrivera |
| nous arrivons | nous arrivions | nous arriverons |
| vous arrivez | vous arriviez | vous arriverez |
| ils arrivent | ils arrivaient | ils arriveront |

| PAST HISTORIC | PERFECT | PLUPERFECT |
|---|---|---|
| j'arrivai | je suis arrivé | j'étais arrivé |
| tu arrivas | tu es arrivé | tu étais arrivé |
| il arriva | il est arrivé | il était arrivé |
| nous arrivâmes | nous sommes arrivés | nous étions arrivés |
| vous arrivâtes | vous êtes arrivé(s) | vous étiez arrivé(s) |
| ils arrivèrent | ils sont arrivés | ils étaient arrivés |

| PAST ANTERIOR | FUTURE PERFECT |
|---|---|
| je fus arrivé etc | je serai arrivé etc |

| IMPERATIVE | CONDITIONAL | |
|---|---|---|
| | PRESENT | PAST |
| arrive | j'arriverais | je serais arrivé |
| arrivons | tu arriverais | tu serais arrivé |
| arrivez | il arriverait | il serait arrivé |
| | nous arriverions | nous serions arrivés |
| | vous arriveriez | vous seriez arrivé(s) |
| | ils arriveraient | ils seraient arrivés |

## SUBJUNCTIVE

| PRESENT | IMPERFECT | PERFECT |
|---|---|---|
| j'arrive | j'arrivasse | je sois arrivé |
| tu arrives | tu arrivasses | tu sois arrivé |
| il arrive | il arrivât | il soit arrivé |
| nous arrivions | nous arrivassions | nous soyons arrivés |
| vous arriviez | vous arrivassiez | vous soyez arrivé(s) |
| ils arrivent | ils arrivassent | ils soient arrivés |

| INFINITIVE | PARTICIPLE |
|---|---|
| PRESENT | PRESENT |
| arriver | arrivant |
| PAST | PAST |
| être arrivé | arrivé |

# ASSAILLIR
to attack

| **PRESENT** | **IMPERFECT** | **FUTURE** |
|---|---|---|
| j'assaille | j'assaillais | j'assaillirai |
| tu assailles | tu assaillais | tu assailliras |
| il assaille | il assaillait | il assaillira |
| nous assaillons | nous assaillions | nous assaillirons |
| vous assaillez | vous assailliez | vous assaillirez |
| ils assaillent | ils assaillaient | ils assailliront |

| **PAST HISTORIC** | **PERFECT** | **PLUPERFECT** |
|---|---|---|
| j'assaillis | j'ai assailli | j'avais assailli |
| tu assaillis | tu as assailli | tu avais assailli |
| il assaillit | il a assailli | il avait assailli |
| nous assaillîmes | nous avons assailli | nous avions assailli |
| vous assaillîtes | vous avez assailli | vous aviez assailli |
| ils assaillirent | ils ont assailli | ils avaient assailli |

| **PAST ANTERIOR** | **FUTURE PERFECT** |
|---|---|
| j'eus assailli etc | j'aurai assailli etc |

| **IMPERATIVE** | **CONDITIONAL** | |
|---|---|---|
| | **PRESENT** | |
| assaille | j'assaillirais | **PAST** |
| assaillons | tu assaillirais | j'aurais assailli |
| assaillez | il assaillirait | tu aurais assailli |
| | nous assaillirions | il aurait assailli |
| | vous assailliriez | nous aurions assailli |
| | ils assailliraient | vous auriez assailli |
| | | ils auraient assailli |

## SUBJUNCTIVE

| **PRESENT** | **IMPERFECT** | **PERFECT** |
|---|---|---|
| j'assaille | j'assaillisse | j'aie assailli |
| tu assailles | tu assaillisses | tu aies assailli |
| il assaille | il assaillît | il ait assailli |
| nous assaillions | nous assaillissions | nous ayons assailli |
| vous assailliez | vous assaillissiez | vous ayez assailli |
| ils assaillent | ils assaillissent | ils aient assailli |

| **INFINITIVE** | **PARTICIPLE** |
|---|---|
| **PRESENT** | **PRESENT** |
| assaillir | assaillant |
| **PAST** | **PAST** |
| avoir assailli | assailli |

# 21

## S'ASSEOIR
to sit down

| PRESENT | IMPERFECT | FUTURE |
|---|---|---|
| je m'assieds/assois | je m'asseyais | je m'assiérai |
| tu t'assieds/assois | tu t'asseyais | tu t'assiéras |
| il s'assied/assoit | il s'asseyait | il s'assiéra |
| nous ns. asseyons/assoyons | nous nous asseyions | nous nous assiérons |
| vous vs. asseyez/assoyez | vous vous asseyiez | vous vous assiérez |
| ils s'asseyent/assoient | ils s'asseyaient | ils s'assiéront |

| PAST HISTORIC | PERFECT | PLUPERFECT |
|---|---|---|
| je m'assis | je me suis assis | je m'étais assis |
| tu t'assis | tu t'es assis | tu t'étais assis |
| il s'assit | il s'est assis | il s'était assis |
| nous nous assîmes | nous nous sommes assis | nous nous étions assis |
| vous vous assîtes | vous vous êtes assis | vous vous étiez assis |
| ils s'assirent | ils se sont assis | ils s'étaient assis |

| PAST ANTERIOR | FUTURE PERFECT |
|---|---|
| je me fus assis etc | je me serai assis etc |

| IMPERATIVE | CONDITIONAL PRESENT | PAST |
|---|---|---|
| | je m'assiérais | je me serais assis |
| assieds/assois-toi | tu t'assiérais | tu te serais assis |
| asseyons/assoyons-nous | il s'assiérait | il se serait assis |
| asseyez/assoyez-vous | nous nous assiérions | nous nous serions assis |
| | vous vous assiériez | vous vous seriez assis |
| | ils s'assiéraient | ils se seraient assis |

## SUBJUNCTIVE

| PRESENT | IMPERFECT | PERFECT |
|---|---|---|
| je m'asseye | je m'assisse | je me sois assis |
| tu t'asseyes | tu t'assisses | tu te sois assis |
| il s'asseye | il s'assît | il se soit assis |
| nous nous asseyions | nous nous assissions | nous nous soyons assis |
| vous vous asseyiez | vous vous assissiez | vous vous soyez assis |
| ils s'asseyent | ils s'assissent | ils se soient assis |

| INFINITIVE | PARTICIPLE | NOTE |
|---|---|---|
| **PRESENT** | **PRESENT** | *other alternative forms (less common) are imperfect: je m'assoyais etc, future: je m'assoira etc and subjunctive present: je m'assoie etc* |
| s'asseoir | s'asseyant/s'assoyant | |
| **PAST** | **PAST** | |
| s'être assis | assis | |

# ATTENDRE
to wait

**22**

| PRESENT | IMPERFECT | FUTURE |
|---|---|---|
| j'attends | j'attendais | j'attendrai |
| tu attends | tu attendais | tu attendras |
| il attend | il attendait | il attendra |
| nous attendons | nous attendions | nous attendrons |
| vous attendez | vous attendiez | vous attendrez |
| ils attendent | ils attendaient | ils attendront |

| PAST HISTORIC | PERFECT | PLUPERFECT |
|---|---|---|
| j'attendis | j'ai attendu | j'avais attendu |
| tu attendis | tu as attendu | tu avais attendu |
| il attendit | il a attendu | il avait attendu |
| nous attendîmes | nous avons attendu | nous avions attendu |
| vous attendîtes | vous avez attendu | vous aviez attendu |
| ils attendirent | ils ont attendu | ils avaient attendu |

| PAST ANTERIOR | FUTURE PERFECT |
|---|---|
| j'eus attendu etc | j'aurai attendu etc |

| IMPERATIVE | CONDITIONAL | |
|---|---|---|
| | PRESENT | PAST |
| attends | j'attendrais | j'aurais attendu |
| attendons | tu attendrais | tu aurais attendu |
| attendez | il attendrait | il aurait attendu |
| | nous attendrions | nous aurions attendu |
| | vous attendriez | vous auriez attendu |
| | ils attendraient | ils auraient attendu |

## SUBJUNCTIVE

| PRESENT | IMPERFECT | PERFECT |
|---|---|---|
| j'attende | j'attendisse | j'aie attendu |
| tu attendes | tu attendisses | tu aies attendu |
| il attende | il attendît | il ait attendu |
| nous attendions | nous attendissions | nous ayons attendu |
| vous attendiez | vous attendissiez | vous ayez attendu |
| ils attendent | ils attendissent | ils aient attendu |

| INFINITIVE | PARTICIPLE |
|---|---|
| PRESENT | PRESENT |
| attendre | attendant |
| PAST | PAST |
| avoir attendu | attendu |

# AVANCER
to move forward

| PRESENT | IMPERFECT | FUTURE |
|---|---|---|
| j'avance | j'avançais | j'avancerai |
| tu avances | tu avançais | tu avanceras |
| il avance | il avançait | il avancera |
| nous avançons | nous avancions | nous avancerons |
| vous avancez | vous avanciez | vous avancerez |
| ils avancent | ils avançaient | ils avanceront |

| PAST HISTORIC | PERFECT | PLUPERFECT |
|---|---|---|
| j'avançai | j'ai avancé | j'avais avancé |
| tu avanças | tu as avancé | tu avais avancé |
| il avança | il a avancé | il avait avancé |
| nous avançâmes | nous avons avancé | nous avions avancé |
| vous avançâtes | vous avez avancé | vous aviez avancé |
| ils avancèrent | ils ont avancé | ils avaient avancé |

| PAST ANTERIOR | FUTURE PERFECT |
|---|---|
| j'eus avancé etc | j'aurai avancé etc |

| IMPERATIVE | CONDITIONAL | |
|---|---|---|
| | PRESENT | PAST |
| avance | j'avancerais | j'aurais avancé |
| avançons | tu avancerais | tu aurais avancé |
| avancez | il avancerait | il aurait avancé |
| | nous avancerions | nous aurions avancé |
| | vous avanceriez | vous auriez avancé |
| | ils avanceraient | ils auraient avancé |

## SUBJUNCTIVE

| PRESENT | IMPERFECT | PERFECT |
|---|---|---|
| j'avance | j'avançasse | j'aie avancé |
| tu avances | tu avançasses | tu aies avancé |
| il avance | il avançât | il ait avancé |
| nous avancions | nous avançassions | nous ayons avancé |
| vous avanciez | vous avançassiez | vous ayez avancé |
| ils avancent | ils avançassent | ils aient avancé |

| INFINITIVE | PARTICIPLE |
|---|---|
| PRESENT | PRESENT |
| avancer | avançant |
| PAST | PAST |
| avoir avancé | avancé |

| **PRESENT** | **IMPERFECT** | **FUTURE** |
|---|---|---|
| j'ai | j'avais | j'aurai |
| tu as | tu avais | tu auras |
| il a | il avait | il aura |
| nous avons | nous avions | nous aurons |
| vous avez | vous aviez | vous aurez |
| ils ont | ils avaient | ils auront |

| **PAST HISTORIC** | **PERFECT** | **PLUPERFECT** |
|---|---|---|
| j'eus | j'ai eu | j'avais eu |
| tu eus | tu as eu | tu avais eu |
| il eut | il a eu | il avait eu |
| nous eûmes | nous avons eu | nous avions eu |
| vous eûtes | vous avez eu | vous aviez eu |
| ils eurent | ils ont eu | ils avaient eu |

| **PAST ANTERIOR** | **FUTURE PERFECT** |
|---|---|
| j'eus eu etc | j'aurai eu etc |

| **IMPERATIVE** | **CONDITIONAL** | |
|---|---|---|
| | **PRESENT** | |
| | | **PAST** |
| aie | j'aurais | j'aurais eu |
| ayons | tu aurais | tu aurais eu |
| ayez | il aurait | il aurait eu |
| | nous aurions | nous aurions eu |
| | vous auriez | vous auriez eu |
| | ils auraient | ils auraient eu |

| **SUBJUNCTIVE** | | |
|---|---|---|
| **PRESENT** | **IMPERFECT** | **PERFECT** |
| j'aie | j'eusse | j'aie eu |
| tu aies | tu eusses | tu aies eu |
| il ait | il eût | il ait eu |
| nous ayons | nous eussions | nous ayons eu |
| vous ayez | vous eussiez | vous ayez eu |
| ils aient | ils eussent | ils aient eu |

| **INFINITIVE** | **PARTICIPLE** |
|---|---|
| **PRESENT** | **PRESENT** |
| avoir | ayant |
| **PAST** | **PAST** |
| avoir eu | eu |

# **BATTRE**
to beat

| **PRESENT** | **IMPERFECT** | **FUTURE** |
|---|---|---|
| je bats | je battais | je battrai |
| tu bats | tu battais | tu battras |
| il bat | il battait | il battra |
| nous battons | nous battions | nous battrons |
| vous battez | vous battiez | vous battrez |
| ils battent | ils battaient | ils battront |

| **PAST HISTORIC** | **PERFECT** | **PLUPERFECT** |
|---|---|---|
| je battis | j'ai battu | j'avais battu |
| tu battis | tu as battu | tu avais battu |
| il battit | il a battu | il avait battu |
| nous battîmes | nous avons battu | nous avions battu |
| vous battîtes | vous avez battu | vous aviez battu |
| ils battirent | ils ont battu | ils avaient battu |

| **PAST ANTERIOR** | **FUTURE PERFECT** |
|---|---|
| j'eus battu etc | j'aurai battu etc |

| **IMPERATIVE** | **CONDITIONAL** | |
|---|---|---|
| | **PRESENT** | **PAST** |
| bats | je battrais | j'aurais battu |
| battons | tu battrais | tu aurais battu |
| battez | il battrait | il aurait battu |
| | nous battrions | nous aurions battu |
| | vous battriez | vous auriez battu |
| | ils battraient | ils auraient battu |

| **SUBJUNCTIVE** | | |
|---|---|---|
| **PRESENT** | **IMPERFECT** | **PERFECT** |
| je batte | je battisse | j'aie battu |
| tu battes | tu battisses | tu aies battu |
| il batte | il battît | il ait battu |
| nous battions | nous battissions | nous ayons battu |
| vous battiez | vous battissiez | vous ayez battu |
| ils battent | ils battissent | ils aient battu |

| **INFINITIVE** | **PARTICIPLE** |
|---|---|
| **PRESENT** | **PRESENT** |
| battre | battant |
| **PAST** | **PAST** |
| avoir battu | battu |

# BOIRE
to drink

| PRESENT | IMPERFECT | FUTURE |
|---|---|---|
| je bois | je buvais | je boirai |
| tu bois | tu buvais | tu boiras |
| il boit | il buvait | il boira |
| nous buvons | nous buvions | nous boirons |
| vous buvez | vous buviez | vous boirez |
| ils boivent | ils buvaient | ils boiront |

| PAST HISTORIC | PERFECT | PLUPERFECT |
|---|---|---|
| je bus | j'ai bu | j'avais bu |
| tu bus | tu as bu | tu avais bu |
| il but | il a bu | il avait bu |
| nous bûmes | nous avons bu | nous avions bu |
| vous bûtes | vous avez bu | vous aviez bu |
| ils burent | ils ont bu | ils avaient bu |

| PAST ANTERIOR | FUTURE PERFECT |
|---|---|
| j'eus bu etc | j'aurai bu etc |

| IMPERATIVE | CONDITIONAL | |
|---|---|---|
| | PRESENT | |
| bois | je boirais | PAST |
| buvons | tu boirais | j'aurais bu |
| buvez | il boirait | tu aurais bu |
| | nous boirions | il aurait bu |
| | vous boiriez | nous aurions bu |
| | ils boiraient | vous auriez bu |
| | | ils auraient bu |

## SUBJUNCTIVE

| PRESENT | IMPERFECT | PERFECT |
|---|---|---|
| je boive | je busse | j'aie bu |
| tu boives | tu busses | tu aies bu |
| il boive | il bût | il ait bu |
| nous buvions | nous bussions | nous ayons bu |
| vous buviez | vous bussiez | vous ayez bu |
| ils boivent | ils bussent | ils aient bu |

| INFINITIVE | PARTICIPLE |
|---|---|
| PRESENT | PRESENT |
| boire | buvant |
| PAST | PAST |
| avoir bu | bu |

# 27 BOUILLIR
### to boil

| PRESENT | IMPERFECT | FUTURE |
|---|---|---|
| je bous | je bouillais | je bouillirai |
| tu bous | tu bouillais | tu bouilliras |
| il bout | il bouillait | il bouillira |
| nous bouillons | nous bouillions | nous bouillirons |
| vous bouillez | vous bouilliez | vous bouillirez |
| ils bouillent | ils bouillaient | ils bouilliront |

| PAST HISTORIC | PERFECT | PLUPERFECT |
|---|---|---|
| je bouillis | j'ai bouilli | j'avais bouilli |
| tu bouillis | tu as bouilli | tu avais bouilli |
| il bouillit | il a bouilli | il avait bouilli |
| nous bouillîmes | nous avons bouilli | nous avions bouilli |
| vous bouillîtes | vous avez bouilli | vous aviez bouilli |
| ils bouillirent | ils ont bouilli | ils avaient bouilli |

| PAST ANTERIOR | FUTURE PERFECT |
|---|---|
| j'eus bouilli etc | j'aurai bouilli etc |

| IMPERATIVE | CONDITIONAL | |
|---|---|---|
| | PRESENT | PAST |
| bous | je bouillirais | j'aurais bouilli |
| bouillons | tu bouillirais | tu aurais bouilli |
| bouillez | il bouillirait | il aurait bouilli |
| | nous bouillirions | nous aurions bouilli |
| | vous bouilliriez | vous auriez bouilli |
| | ils bouilliraient | ils auraient bouilli |

## SUBJUNCTIVE

| PRESENT | IMPERFECT | PERFECT |
|---|---|---|
| je bouille | je bouillisse | j'aie bouilli |
| tu bouilles | tu bouillisses | tu aies bouilli |
| il bouille | il bouillît | il ait bouilli |
| nous bouillions | nous bouillissions | nous ayons bouilli |
| vous bouilliez | vous bouillissiez | vous ayez bouilli |
| ils bouillent | ils bouillissent | ils aient bouilli |

| INFINITIVE | PARTICIPLE |
|---|---|
| PRESENT | PRESENT |
| bouillir | bouillant |
| PAST | PAST |
| avoir bouilli | bouilli |

# BRILLER
to shine

| PRESENT | IMPERFECT | FUTURE |
|---|---|---|
| je brille | je brillais | je brillerai |
| tu brilles | tu brillais | tu brilleras |
| il brille | il brillait | il brillera |
| nous brillons | nous brillions | nous brillerons |
| vous brillez | vous brilliez | vous brillerez |
| ils brillent | ils brillaient | ils brilleront |

| PAST HISTORIC | PERFECT | PLUPERFECT |
|---|---|---|
| je brillai | j'ai brillé | j'avais brillé |
| tu brillas | tu as brillé | tu avais brillé |
| il brilla | il a brillé | il avait brillé |
| nous brillâmes | nous avons brillé | nous avions brillé |
| vous brillâtes | vous avez brillé | vous aviez brillé |
| ils brillèrent | ils ont brillé | ils avaient brillé |

| PAST ANTERIOR | FUTURE PERFECT |
|---|---|
| j'eus brillé etc | j'aurai brillé etc |

| IMPERATIVE | CONDITIONAL | |
|---|---|---|
| | PRESENT | PAST |
| brille | je brillerais | j'aurais brillé |
| brillons | tu brillerais | tu aurais brillé |
| brillez | il brillerait | il aurait brillé |
| | nous brillerions | nous aurions brillé |
| | vous brilleriez | vous auriez brillé |
| | ils brilleraient | ils auraient brillé |

## SUBJUNCTIVE

| PRESENT | IMPERFECT | PERFECT |
|---|---|---|
| je brille | je brillasse | j'aie brillé |
| tu brilles | tu brillasses | tu aies brillé |
| il brille | il brillât | il ait brillé |
| nous brillions | nous brillassions | nous ayons brillé |
| vous brilliez | vous brillassiez | vous ayez brillé |
| ils brillent | ils brillassent | ils aient brillé |

| INFINITIVE | PARTICIPLE |
|---|---|
| PRESENT | PRESENT |
| briller | brillant |
| PAST | PAST |
| avoir brillé | brillé |

# CEDER
to give in

| PRESENT | IMPERFECT | FUTURE |
|---|---|---|
| je cède | je cédais | je céderai |
| tu cèdes | tu cédais | tu céderas |
| il cède | il cédait | il cédera |
| nous cédons | nous cédions | nous céderons |
| vous cédez | vous cédiez | vous céderez |
| ils cèdent | ils cédaient | ils céderont |

| PAST HISTORIC | PERFECT | PLUPERFECT |
|---|---|---|
| je cédai | j'ai cédé | j'avais cédé |
| tu cédas | tu as cédé | tu avais cédé |
| il céda | il a cédé | il avait cédé |
| nous cédâmes | nous avons cédé | nous avions cédé |
| vous cédâtes | vous avez cédé | vous aviez cédé |
| ils cédèrent | ils ont cédé | ils avaient cédé |

| PAST ANTERIOR | FUTURE PERFECT |
|---|---|
| j'eus cédé etc | j'aurai cédé etc |

| IMPERATIVE | CONDITIONAL | |
|---|---|---|
| | PRESENT | PAST |
| cède | je céderais | j'aurais cédé |
| cédons | tu céderais | tu aurais cédé |
| cédez | il céderait | il aurait cédé |
| | nous céderions | nous aurions cédé |
| | vous céderiez | vous auriez cédé |
| | ils céderaient | ils auraient cédé |

## SUBJUNCTIVE

| PRESENT | IMPERFECT | PERFECT |
|---|---|---|
| je cède | je cédasse | j'aie cédé |
| tu cèdes | tu cédasses | tu aies cédé |
| il cède | il cédât | il ait cédé |
| nous cédions | nous cédassions | nous ayons cédé |
| vous cédiez | vous cédassiez | vous ayez cédé |
| ils cèdent | ils cédassent | ils aient cédé |

| INFINITIVE | PARTICIPLE | NOTE |
|---|---|---|
| PRESENT | PRESENT | décéder: *auxiliary* être |
| céder | cédant | |
| PAST | PAST | |
| avoir cédé | cédé | |

to celebrate

| PRESENT | IMPERFECT | FUTURE |
|---|---|---|
| je célèbre | je célébrais | je célébrerai |
| tu célèbres | tu célébrais | tu célébreras |
| il célèbre | il célébrait | il célébrera |
| nous célébrons | nous célébrions | nous célébrerons |
| vous célébrez | vous célébriez | vous célébrerez |
| ils célèbrent | ils célébraient | ils célébreront |

| PAST HISTORIC | PERFECT | PLUPERFECT |
|---|---|---|
| je célébrai | j'ai célébré | j'avais célébré |
| tu célébras | tu as célébré | tu avais célébré |
| il célébra | il a célébré | il avait célébré |
| nous célébrâmes | nous avons célébré | nous avions célébré |
| vous célébrâtes | vous avez célébré | vous aviez célébré |
| ils célébrèrent | ils ont célébré | ils avaient célébré |

| PAST ANTERIOR | FUTURE PERFECT |
|---|---|
| j'eus célébré etc | j'aurai célébré etc |

| IMPERATIVE | CONDITIONAL | |
|---|---|---|
| | PRESENT | PAST |
| célèbre | je célébrerais | j'aurais célébré |
| célébrons | tu célébrerais | tu aurais célébré |
| célébrez | il célébrerait | il aurait célébré |
| | nous célébrerions | nous aurions célébré |
| | vous célébreriez | vous auriez célébré |
| | ils célébreraient | ils auraient célébré |

## SUBJUNCTIVE

| PRESENT | IMPERFECT | PERFECT |
|---|---|---|
| je célèbre | je célébrasse | j'aie célébré |
| tu célèbres | tu célébrasses | tu aies célébré |
| il célèbre | il célébrât | il ait célébré |
| nous célébrions | nous célébrassions | nous ayons célébré |
| vous célébriez | vous célébrassiez | vous ayez célébré |
| ils célèbrent | ils célébrassent | ils aient célébré |

| INFINITIVE | PARTICIPLE |
|---|---|
| **PRESENT** | **PRESENT** |
| célébrer | célébrant |
| **PAST** | **PAST** |
| avoir célébré | célébré |

# 31

## CHANTER
to sing

| PRESENT | IMPERFECT | FUTURE |
|---|---|---|
| je chante | je chantais | je chanterai |
| tu chantes | tu chantais | tu chanteras |
| il chante | il chantait | il chantera |
| nous chantons | nous chantions | nous chanterons |
| vous chantez | vous chantiez | vous chanterez |
| ils chantent | ils chantaient | ils chanteront |

| PAST HISTORIC | PERFECT | PLUPERFECT |
|---|---|---|
| je chantai | j'ai chanté | j'avais chanté |
| tu chantas | tu as chanté | tu avais chanté |
| il chanta | il a chanté | il avait chanté |
| nous chantâmes | nous avons chanté | nous avions chanté |
| vous chantâtes | vous avez chanté | vous aviez chanté |
| ils chantèrent | ils ont chanté | ils avaient chanté |

| PAST ANTERIOR | FUTURE PERFECT |
|---|---|
| j'eus chanté etc | j'aurai chanté etc |

| IMPERATIVE | CONDITIONAL | |
|---|---|---|
| | PRESENT | PAST |
| chante | je chanterais | j'aurais chanté |
| chantons | tu chanterais | tu aurais chanté |
| chantez | il chanterait | il aurait chanté |
| | nous chanterions | nous aurions chanté |
| | vous chanteriez | vous auriez chanté |
| | ils chanteraient | ils auraient chanté |

## SUBJUNCTIVE

| PRESENT | IMPERFECT | PERFECT |
|---|---|---|
| je chante | je chantasse | j'aie chanté |
| tu chantes | tu chantasses | tu aies chanté |
| il chante | il chantât | il ait chanté |
| nous chantions | nous chantassions | nous ayons chanté |
| vous chantiez | vous chantassiez | vous ayez chanté |
| ils chantent | ils chantassent | ils aient chanté |

| INFINITIVE | PARTICIPLE | NOTE |
|---|---|---|
| PRESENT | PRESENT | demeurer: *auxiliary* être |
| chanter | chantant | *when it means 'to remain'* ressusciter: *auxiliary* être |
| PAST | PAST | *when intransitive* |
| avoir chanté | chanté | |

# CHOIR
to fall

| **PRESENT** | **IMPERFECT** | **FUTURE** |
|---|---|---|
| je chois | | |
| tu chois | | |
| il choit | | |
| | | |
| ils choient | | |

| **PAST HISTORIC** | **PERFECT** | **PLUPERFECT** |
|---|---|---|
| il chut | je suis chu | j'étais chu |
| | tu es chu | tu étais chu |
| | il est chu | il était chu |
| | nous sommes chus | nous étions chus |
| | vous êtes chu(s) | vous étiez chu(s) |
| | ils sont chus | ils étaient chus |

| **PAST ANTERIOR** | **FUTURE PERFECT** | |
|---|---|---|
| il fut chu | il sera chu | |

| *IMPERATIVE* | *CONDITIONAL* | |
|---|---|---|
| | **PRESENT** | **PAST** |
| | | je serais chu |
| | | tu serais chu |
| | | il serait chu |
| | | nous serions chus |
| | | vous seriez chu(s) |
| | | ils seraient chus |

| *SUBJUNCTIVE* | | |
|---|---|---|
| **PRESENT** | **IMPERFECT** | **PERFECT** |
| | il chût | je sois chu |
| | | tu sois chu |
| | | il soit chu |
| | | nous soyons chus |
| | | vous soyez chu(s) |
| | | ils soient chus |

| *INFINITIVE* | *PARTICIPLE* | |
|---|---|---|
| **PRESENT** | **PRESENT** | |
| choir | | |
| **PAST** | **PAST** | |
| être chu | chu | |

# 33

## CLORE
to close

| PRESENT | IMPERFECT | FUTURE |
|---|---|---|
| je clos | | je clorai |
| tu clos | | tu cloras |
| il clôt | | il clora |
| | | nous clorons |
| | | vous clorez |
| ils closent | | ils cloront |

| PAST HISTORIC | PERFECT | PLUPERFECT |
|---|---|---|
| | j'ai clos | j'avais clos |
| | tu as clos | tu avais clos |
| | il a clos | il avait clos |
| | nous avons clos | nous avions clos |
| | vous avez clos | vous aviez clos |
| | ils ont clos | ils avaient clos |

| PAST ANTERIOR | FUTURE PERFECT |
|---|---|
| j'eus clos etc | j'aurai clos etc |

### IMPERATIVE

### CONDITIONAL

| | PRESENT | PAST |
|---|---|---|
| clos | je clorais | j'aurais clos |
| | tu clorais | tu aurais clos |
| | il clorait | il aurait clos |
| | nous clorions | nous aurions clos |
| | vous cloriez | vous auriez clos |
| | ils cloraient | ils auraient clos |

### SUBJUNCTIVE

| PRESENT | IMPERFECT | PERFECT |
|---|---|---|
| je close | | j'aie clos |
| tu closes | | tu aies clos |
| il close | | il ait clos |
| nous closions | | nous ayons clos |
| vous closiez | | vous ayez clos |
| ils closent | | ils aient clos |

### INFINITIVE

### PARTICIPLE

| PRESENT | PRESENT |
|---|---|
| clore | |

| PAST | PAST |
|---|---|
| avoir clos | clos |

# COMMENCER
to start

**34**

## PRESENT

je commence
tu commences
il commence
nous commençons
vous commencez
ils commencent

## IMPERFECT

je commençais
tu commençais
il commençait
nous commencions
vous commenciez
ils commençaient

## FUTURE

je commencerai
tu commenceras
il commencera
nous commencerons
vous commencerez
ils commenceront

## PAST HISTORIC

je commençai
tu commenças
il commença
nous commençâmes
vous commençâtes
ils commencèrent

## PERFECT

j'ai commencé
tu as commencé
il a commencé
nous avons commencé
vous avez commencé
ils ont commencé

## PLUPERFECT

j'avais commencé
tu avais commencé
il avait commencé
nous avions commencé
vous aviez commencé
ils avaient commencé

## PAST ANTERIOR

j'eus commencé etc

## FUTURE PERFECT

j'aurai commencé etc

## *IMPERATIVE*

commence
commençons
commencez

## *CONDITIONAL*
### PRESENT

je commencerais
tu commencerais
il commencerait
nous commencerions
vous commenceriez
ils commenceraient

### PAST

j'aurais commencé
tu aurais commencé
il aurait commencé
nous aurions commencé
vous auriez commencé
ils auraient commencé

## *SUBJUNCTIVE*
### PRESENT

je commence
tu commences
il commence
nous commencions
vous commenciez
ils commencent

## IMPERFECT

je commençasse
tu commençasses
il commençât
nous commençassions
vous commençassiez
ils commençassent

## PERFECT

j'aie commencé
tu aies commencé
il ait commencé
nous ayons commencé
vous ayez commencé
ils aient commencé

## *INFINITIVE*
### PRESENT

commencer

### PAST

avoir commencé

## *PARTICIPLE*
### PRESENT

commençant

### PAST

commencé

# 35 COMPLETER
to complete

| PRESENT | IMPERFECT | FUTURE |
|---|---|---|
| je complète | je complétais | je compléterai |
| tu complètes | tu complétais | tu compléteras |
| il complète | il complétait | il complétera |
| nous complétons | nous complétions | nous compléterons |
| vous complétez | vous complétiez | vous compléterez |
| ils complètent | ils complétaient | ils compléteront |

| PAST HISTORIC | PERFECT | PLUPERFECT |
|---|---|---|
| je complétai | j'ai complété | j'avais complété |
| tu complétas | tu as complété | tu avais complété |
| il compléta | il a complété | il avait complété |
| nous complétâmes | nous avons complété | nous avions complété |
| vous complétâtes | vous avez complété | vous aviez complété |
| ils complétèrent | ils ont complété | ils avaient complété |

| PAST ANTERIOR | FUTURE PERFECT |
|---|---|
| j'eus complété etc | j'aurai complété etc |

| IMPERATIVE | CONDITIONAL | |
|---|---|---|
| | PRESENT | PAST |
| complète | je compléterais | j'aurais complété |
| complétons | tu compléterais | tu aurais complété |
| complétez | il compléterait | il aurait complété |
| | nous compléterions | nous aurions complété |
| | vous compléteriez | vous auriez complété |
| | ils compléteraient | ils auraient complété |

## SUBJUNCTIVE

| PRESENT | IMPERFECT | PERFECT |
|---|---|---|
| je complète | je complétasse | j'aie complété |
| tu complètes | tu complétasses | tu aies complété |
| il complète | il complétât | il ait complété |
| nous complétions | nous complétassions | nous ayons complété |
| vous complétiez | vous complétassiez | vous ayez complété |
| ils complètent | ils complétassent | ils aient complété |

| INFINITIVE | PARTICIPLE |
|---|---|
| **PRESENT** | **PRESENT** |
| compléter | complétant |
| **PAST** | **PAST** |
| avoir complété | complété |

# COMPRENDRE
to understand

**36**

| **PRESENT** | **IMPERFECT** | **FUTURE** |
|---|---|---|
| je comprends | je comprenais | je comprendrai |
| tu comprends | tu comprenais | tu comprendras |
| il comprend | il comprenait | il comprendra |
| nous comprenons | nous comprenions | nous comprendrons |
| vous comprenez | vous compreniez | vous comprendrez |
| ils comprennent | ils comprenaient | ils comprendront |

| **PAST HISTORIC** | **PERFECT** | **PLUPERFECT** |
|---|---|---|
| je compris | j'ai compris | j'avais compris |
| tu compris | tu as compris | tu avais compris |
| il comprit | il a compris | il avait compris |
| nous comprîmes | nous avons compris | nous avions compris |
| vous comprîtes | vous avez compris | vous aviez compris |
| ils comprirent | ils ont compris | ils avaient compris |

| **PAST ANTERIOR** | **FUTURE PERFECT** |
|---|---|
| j'eus compris etc | j'aurai compris etc |

| *IMPERATIVE* | *CONDITIONAL* | |
|---|---|---|
| | **PRESENT** | |
| comprends | je comprendrais | **PAST** |
| comprenons | tu comprendrais | j'aurais compris |
| comprenez | il comprendrait | tu aurais compris |
| | nous comprendrions | il aurait compris |
| | vous comprendriez | nous aurions compris |
| | ils comprendraient | vous auriez compris |
| | | ils auraient compris |

## *SUBJUNCTIVE*

| **PRESENT** | **IMPERFECT** | **PERFECT** |
|---|---|---|
| je comprenne | je comprisse | j'aie compris |
| tu comprennes | tu comprisses | tu aies compris |
| il comprenne | il comprît | il ait compris |
| nous comprenions | nous comprissions | nous ayons compris |
| vous compreniez | vous comprissiez | vous ayez compris |
| ils comprennent | ils comprissent | ils aient compris |

| *INFINITIVE* | *PARTICIPLE* |
|---|---|
| **PRESENT** | **PRESENT** |
| comprendre | comprenant |
| **PAST** | **PAST** |
| avoir compris | compris |

# 37 CONCLURE
## to conclude

| **PRESENT** | **IMPERFECT** | **FUTURE** |
|---|---|---|
| je conclus | je concluais | je conclurai |
| tu conclus | tu concluais | tu concluras |
| il conclut | il concluait | il conclura |
| nous concluons | nous concluions | nous conclurons |
| vous concluez | vous concluiez | vous conclurez |
| ils concluent | ils concluaient | ils concluront |

| **PAST HISTORIC** | **PERFECT** | **PLUPERFECT** |
|---|---|---|
| je conclus | j'ai conclu | j'avais conclu |
| tu conclus | tu as conclu | tu avais conclu |
| il conclut | il a conclu | il avait conclu |
| nous conclûmes | nous avons conclu | nous avions conclu |
| vous conclûtes | vous avez conclu | vous aviez conclu |
| ils conclurent | ils ont conclu | ils avaient conclu |

| **PAST ANTERIOR** | **FUTURE PERFECT** |
|---|---|
| j'eus conclu etc | j'aurai conclu etc |

| *IMPERATIVE* | *CONDITIONAL* | |
|---|---|---|
| | **PRESENT** | **PAST** |
| conclus | je conclurais | j'aurais conclu |
| concluons | tu conclurais | tu aurais conclu |
| concluez | il conclurait | il aurait conclu |
| | nous conclurions | nous aurions conclu |
| | vous concluriez | vous auriez conclu |
| | ils concluraient | ils auraient conclu |

## *SUBJUNCTIVE*

| **PRESENT** | **IMPERFECT** | **PERFECT** |
|---|---|---|
| je conclue | je conclusse | j'aie conclu |
| tu conclues | tu conclusses | tu aies conclu |
| il conclue | il conclût | il ait conclu |
| nous concluions | nous conclussions | nous ayons conclu |
| vous concluiez | vous conclussiez | vous ayez conclu |
| ils concluent | ils conclussent | ils aient conclu |

| *INFINITIVE* | *PARTICIPLE* |
|---|---|
| **PRESENT** | **PRESENT** |
| conclure | concluant |
| **PAST** | **PAST** |
| avoir conclu | conclu |

# CONDUIRE
to lead, to drive

| **PRESENT** | **IMPERFECT** | **FUTURE** |
|---|---|---|
| je conduis | je conduisais | je conduirai |
| tu conduis | tu conduisais | tu conduiras |
| il conduit | il conduisait | il conduira |
| nous conduisons | nous conduisions | nous conduirons |
| vous conduisez | vous conduisiez | vous conduirez |
| ils conduisent | ils conduisaient | ils conduiront |

| **PAST HISTORIC** | **PERFECT** | **PLUPERFECT** |
|---|---|---|
| je conduisis | j'ai conduit | j'avais conduit |
| tu conduisis | tu as conduit | tu avais conduit |
| il conduisit | il a conduit | il avait conduit |
| nous conduisîmes | nous avons conduit | nous avions conduit |
| vous conduisîtes | vous avez conduit | vous aviez conduit |
| ils conduisirent | ils ont conduit | ils avaient conduit |

| **PAST ANTERIOR** | **FUTURE PERFECT** |
|---|---|
| j'eus conduit etc | j'aurai conduit etc |

| *IMPERATIVE* | *CONDITIONAL* | |
|---|---|---|
| | **PRESENT** | **PAST** |
| conduis | je conduirais | j'aurais conduit |
| conduisons | tu conduirais | tu aurais conduit |
| conduisez | il conduirait | il aurait conduit |
| | nous conduirions | nous aurions conduit |
| | vous conduiriez | vous auriez conduit |
| | ils conduiraient | ils auraient conduit |

## *SUBJUNCTIVE*

| **PRESENT** | **IMPERFECT** | **PERFECT** |
|---|---|---|
| je conduise | je conduisisse | j'aie conduit |
| tu conduises | tu conduisisses | tu aies conduit |
| il conduise | il conduisît | il ait conduit |
| nous conduisions | nous conduisissions | nous ayons conduit |
| vous conduisiez | vous conduisissiez | vous ayez conduit |
| ils conduisent | ils conduisissent | ils aient conduit |

| *INFINITIVE* | *PARTICIPLE* |
|---|---|
| **PRESENT** | **PRESENT** |
| conduire | conduisant |
| **PAST** | **PAST** |
| avoir conduit | conduit |

# 39 CONFIRE
to preserve

| **PRESENT** | **IMPERFECT** | **FUTURE** |
|---|---|---|
| je confis | je confisais | je confirai |
| tu confis | tu confisais | tu confiras |
| il confit | il confisait | il confira |
| nous confisons | nous confisions | nous confirons |
| vous confisez | vous confisiez | vous confirez |
| ils confisent | ils confisaient | ils confiront |

| **PAST HISTORIC** | **PERFECT** | **PLUPERFECT** |
|---|---|---|
| je confis | j'ai confit | j'avais confit |
| tu confis | tu as confit | tu avais confit |
| il confit | il a confit | il avait confit |
| nous confîmes | nous avons confit | nous avions confit |
| vous confîtes | vous avez confit | vous aviez confit |
| ils confirent | ils ont confit | ils avaient confit |

| **PAST ANTERIOR** | **FUTURE PERFECT** |
|---|---|
| j'eus confit etc | j'aurai confit etc |

| **IMPERATIVE** | **CONDITIONAL** | |
|---|---|---|
| | **PRESENT** | **PAST** |
| confis | je confirais | j'aurais confit |
| confisons | tu confirais | tu aurais confit |
| confisez | il confirait | il aurait confit |
| | nous confirions | nous aurions confit |
| | vous confiriez | vous auriez confit |
| | ils confiraient | ils auraient confit |

## SUBJUNCTIVE

| **PRESENT** | **IMPERFECT** | **PERFECT** |
|---|---|---|
| je confise | je confisse | j'aie confit |
| tu confises | tu confisses | tu aies confit |
| il confise | il confît | il ait confit |
| nous confisions | nous confissions | nous ayons confit |
| vous confisiez | vous confissiez | vous ayez confit |
| ils confisent | ils confissent | ils aient confit |

| **INFINITIVE** | **PARTICIPLE** |
|---|---|
| **PRESENT** | **PRESENT** |
| confire | confisant |
| **PAST** | **PAST** |
| avoir confit | confit |

# CONNAITRE
to know

| PRESENT | IMPERFECT | FUTURE |
|---|---|---|
| je connais | je connaissais | je connaîtrai |
| tu connais | tu connaissais | tu connaîtras |
| il connaît | il connaissait | il connaîtra |
| nous connaissons | nous connaissions | nous connaîtrons |
| vous connaissez | vous connaissiez | vous connaîtrez |
| ils connaissent | ils connaissaient | ils connaîtront |

| PAST HISTORIC | PERFECT | PLUPERFECT |
|---|---|---|
| je connus | j'ai connu | j'avais connu |
| tu connus | tu as connu | tu avais connu |
| il connut | il a connu | il avait connu |
| nous connûmes | nous avons connu | nous avions connu |
| vous connûtes | vous avez connu | vous aviez connu |
| ils connurent | ils ont connu | ils avaient connu |

| PAST ANTERIOR | FUTURE PERFECT |
|---|---|
| j'eus connu etc | j'aurai connu etc |

| *IMPERATIVE* | *CONDITIONAL* | |
|---|---|---|
| | **PRESENT** | **PAST** |
| connais | je connaîtrais | j'aurais connu |
| connaissons | tu connaîtrais | tu aurais connu |
| connaissez | il connaîtrait | il aurait connu |
| | nous connaîtrions | nous aurions connu |
| | vous connaîtriez | vous auriez connu |
| | ils connaîtraient | ils auraient connu |

## *SUBJUNCTIVE*

| PRESENT | IMPERFECT | PERFECT |
|---|---|---|
| je connaisse | je connusse | j'aie connu |
| tu connaisses | tu connusses | tu aies connu |
| il connaisse | il connût | il ait connu |
| nous connaissions | nous connussions | nous ayons connu |
| vous connaissiez | vous connussiez | vous ayez connu |
| ils connaissent | ils connussent | ils aient connu |

| *INFINITIVE* | *PARTICIPLE* |
|---|---|
| **PRESENT** | **PRESENT** |
| connaître | connaissant |
| **PAST** | **PAST** |
| avoir connu | connu |

# 41

## CONSEILLER
### to advise

| PRESENT | IMPERFECT | FUTURE |
|---|---|---|
| je conseille | je conseillais | je conseillerai |
| tu conseilles | tu conseillais | tu conseilleras |
| il conseille | il conseillait | il conseillera |
| nous conseillons | nous conseillions | nous conseillerons |
| vous conseillez | vous conseilliez | vous conseillerez |
| ils conseillent | ils conseillaient | ils conseilleront |

| PAST HISTORIC | PERFECT | PLUPERFECT |
|---|---|---|
| je conseillai | j'ai conseillé | j'avais conseillé |
| tu conseillas | tu as conseillé | tu avais conseillé |
| il conseilla | il a conseillé | il avait conseillé |
| nous conseillâmes | nous avons conseillé | nous avions conseillé |
| vous conseillâtes | vous avez conseillé | vous aviez conseillé |
| ils conseillèrent | ils ont conseillé | ils avaient conseillé |

| PAST ANTERIOR | FUTURE PERFECT |
|---|---|
| j'eus conseillé etc | j'aurai conseillé etc |

| IMPERATIVE | CONDITIONAL | |
|---|---|---|
| | PRESENT | PAST |
| conseille | je conseillerais | j'aurais conseillé |
| conseillons | tu conseillerais | tu aurais conseillé |
| conseillez | il conseillerait | il aurait conseillé |
| | nous conseillerions | nous aurions conseillé |
| | vous conseilleriez | vous auriez conseillé |
| | ils conseilleraient | ils auraient conseillé |

### SUBJUNCTIVE

| PRESENT | IMPERFECT | PERFECT |
|---|---|---|
| je conseille | je conseillasse | j'aie conseillé |
| tu conseilles | tu conseillasses | tu aies conseillé |
| il conseille | il conseillât | il ait conseillé |
| nous conseillions | nous conseillassions | nous ayons conseillé |
| vous conseilliez | vous conseillassiez | vous ayez conseillé |
| ils conseillent | ils conseillassent | ils aient conseillé |

| INFINITIVE | PARTICIPLE |
|---|---|
| PRESENT | PRESENT |
| conseiller | conseillant |
| PAST | PAST |
| avoir conseillé | conseillé |

# COUDRE
to sew

| PRESENT | IMPERFECT | FUTURE |
|---------|-----------|--------|
| je couds | je cousais | je coudrai |
| tu couds | tu cousais | tu coudras |
| il coud | il cousait | il coudra |
| nous cousons | nous cousions | nous coudrons |
| vous cousez | vous cousiez | vous coudrez |
| ils cousent | ils cousaient | ils coudront |

| PAST HISTORIC | PERFECT | PLUPERFECT |
|---------------|---------|------------|
| je cousis | j'ai cousu | j'avais cousu |
| tu cousis | tu as cousu | tu avais cousu |
| il cousit | il a cousu | il avait cousu |
| nous cousîmes | nous avons cousu | nous avions cousu |
| vous cousîtes | vous avez cousu | vous aviez cousu |
| ils cousirent | ils ont cousu | ils avaient cousu |

| PAST ANTERIOR | FUTURE PERFECT |
|---------------|----------------|
| j'eus cousu etc | j'aurai cousu etc |

| *IMPERATIVE* | *CONDITIONAL* | |
|--------------|---------------|---|
| | PRESENT | PAST |
| couds | je coudrais | j'aurais cousu |
| cousons | tu coudrais | tu aurais cousu |
| cousez | il coudrait | il aurait cousu |
| | nous coudrions | nous aurions cousu |
| | vous coudriez | vous auriez cousu |
| | ils coudraient | ils auraient cousu |

## *SUBJUNCTIVE*

| PRESENT | IMPERFECT | PERFECT |
|---------|-----------|---------|
| je couse | je cousisse | j'aie cousu |
| tu couses | tu cousisses | tu aies cousu |
| il couse | il cousît | il ait cousu |
| nous cousions | nous cousissions | nous ayons cousu |
| vous cousiez | vous cousissiez | vous ayez cousu |
| ils cousent | ils cousissent | ils aient cousu |

| *INFINITIVE* | *PARTICIPLE* |
|--------------|--------------|
| PRESENT | PRESENT |
| coudre | cousant |
| PAST | PAST |
| avoir cousu | cousu |

# 43 COURIR
to run

## PRESENT

je cours
tu cours
il court
nous courons
vous courez
ils courent

## IMPERFECT

je courais
tu courais
il courait
nous courions
vous couriez
ils couraient

## FUTURE

je courrai
tu courras
il courra
nous courrons
vous courrez
ils courront

## PAST HISTORIC

je courus
tu courus
il courut
nous courûmes
vous courûtes
ils coururent

## PERFECT

j'ai couru
tu as couru
il a couru
nous avons couru
vous avez couru
ils ont couru

## PLUPERFECT

j'avais couru
tu avais couru
il avait couru
nous avions couru
vous aviez couru
ils avaient couru

## PAST ANTERIOR

j'eus couru etc

## FUTURE PERFECT

j'aurai couru etc

## IMPERATIVE

cours
courons
courez

## CONDITIONAL

### PRESENT

je courrais
tu courrais
il courrait
nous courrions
vous courriez
ils courraient

### PAST

j'aurais couru
tu aurais couru
il aurait couru
nous aurions couru
vous auriez couru
ils auraient couru

## SUBJUNCTIVE

### PRESENT

je coure
tu coures
il coure
nous courions
vous couriez
ils courent

### IMPERFECT

je courusse
tu courusses
il courût
nous courussions
vous courussiez
ils courussent

### PERFECT

j'aie couru
tu aies couru
il ait couru
nous ayons couru
vous ayez couru
ils aient couru

## INFINITIVE

### PRESENT

courir

### PAST

avoir couru

## PARTICIPLE

### PRESENT

courant

### PAST

couru

## NOTE

accourir: *auxiliary* avoir *or* être

# COUVRIR
to cover

**PRESENT**

je couvre
tu couvres
il couvre
nous couvrons
vous couvrez
ils couvrent

**IMPERFECT**

je couvrais
tu couvrais
il couvrait
nous couvrions
vous couvriez
ils couvraient

**FUTURE**

je couvrirai
tu couvriras
il couvrira
nous couvrirons
vous couvrirez
ils couvriront

**PAST HISTORIC**

je couvris
tu couvris
il couvrit
nous couvrîmes
vous couvrîtes
ils couvrirent

**PERFECT**

j'ai couvert
tu as couvert
il a couvert
nous avons couvert
vous avez couvert
ils ont couvert

**PLUPERFECT**

j'avais couvert
tu avais couvert
il avait couvert
nous avions couvert
vous aviez couvert
ils avaient couvert

**PAST ANTERIOR**

j'eus couvert etc

**FUTURE PERFECT**

j'aurai couvert etc

---

**IMPERATIVE**

couvre
couvrons
couvrez

**CONDITIONAL**

**PRESENT**

je couvrirais
tu couvrirais
il couvrirait
nous couvririons
vous couvririez
ils couvriraient

**PAST**

j'aurais couvert
tu aurais couvert
il aurait couvert
nous aurions couvert
vous auriez couvert
ils auraient couvert

---

**SUBJUNCTIVE**

**PRESENT**

je couvre
tu couvres
il couvre
nous couvrions
vous couvriez
ils couvrent

**IMPERFECT**

je couvrisse
tu couvrisses
il couvrît
nous couvrissions
vous couvrissiez
ils couvrissent

**PERFECT**

j'aie couvert
tu aies couvert
il ait couvert
nous ayons couvert
vous ayez couvert
ils aient couvert

---

**INFINITIVE**

**PRESENT**

couvrir

**PAST**

avoir couvert

**PARTICIPLE**

**PRESENT**

couvrant

**PAST**

couvert

# 45

## CRAINDRE
to fear

| PRESENT | IMPERFECT | FUTURE |
|---|---|---|
| je crains | je craignais | je craindrai |
| tu crains | tu craignais | tu craindras |
| il craint | il craignait | il craindra |
| nous craignons | nous craignions | nous craindrons |
| vous craignez | vous craigniez | vous craindrez |
| ils craignent | ils craignaient | ils craindront |

| PAST HISTORIC | PERFECT | PLUPERFECT |
|---|---|---|
| je craignis | j'ai craint | j'avais craint |
| tu craignis | tu as craint | tu avais craint |
| il craignit | il a craint | il avait craint |
| nous craignîmes | nous avons craint | nous avions craint |
| vous craignîtes | vous avez craint | vous aviez craint |
| ils craignirent | ils ont craint | ils avaient craint |

| PAST ANTERIOR | FUTURE PERFECT |
|---|---|
| j'eus craint etc | j'aurai craint etc |

| IMPERATIVE | CONDITIONAL | |
|---|---|---|
| | PRESENT | PAST |
| crains | je craindrais | j'aurais craint |
| craignons | tu craindrais | tu aurais craint |
| craignez | il craindrait | il aurait craint |
| | nous craindrions | nous aurions craint |
| | vous craindriez | vous auriez craint |
| | ils craindraient | ils auraient craint |

## SUBJUNCTIVE

| PRESENT | IMPERFECT | PERFECT |
|---|---|---|
| je craigne | je craignisse | j'aie craint |
| tu craignes | tu craignisses | tu aies craint |
| il craigne | il craignît | il ait craint |
| nous craignions | nous craignissions | nous ayons craint |
| vous craigniez | vous craignissiez | vous ayez craint |
| ils craignent | ils craignissent | ils aient craint |

| INFINITIVE | PARTICIPLE |
|---|---|
| PRESENT | PRESENT |
| craindre | craignant |
| PAST | PAST |
| avoir craint | craint |

# CREER
to create

| **PRESENT** | **IMPERFECT** | **FUTURE** |
|---|---|---|
| je crée | je créais | je créerai |
| tu crées | tu créais | tu créeras |
| il crée | il créait | il créera |
| nous créons | nous créions | nous créerons |
| vous créez | vous créiez | vous créerez |
| ils créent | ils créaient | ils créeront |

| **PAST HISTORIC** | **PERFECT** | **PLUPERFECT** |
|---|---|---|
| je créai | j'ai créé | j'avais créé |
| tu créas | tu as créé | tu avais créé |
| il créa | il a créé | il avait créé |
| nous créâmes | nous avons créé | nous avions créé |
| vous créâtes | vous avez créé | vous aviez créé |
| ils créèrent | ils ont créé | ils avaient créé |

| **PAST ANTERIOR** | **FUTURE PERFECT** |
|---|---|
| j'eus créé etc | j'aurai créé etc |

| *IMPERATIVE* | *CONDITIONAL* | |
|---|---|---|
| | **PRESENT** | **PAST** |
| crée | je créerais | j'aurais créé |
| créons | tu créerais | tu aurais créé |
| créez | il créerait | il aurait créé |
| | nous créerions | nous aurions créé |
| | vous créeriez | vous auriez créé |
| | ils créeraient | ils auraient créé |

*SUBJUNCTIVE*

| **PRESENT** | **IMPERFECT** | **PERFECT** |
|---|---|---|
| je crée | je créasse | j'aie créé |
| tu crées | tu créasses | tu aies créé |
| il crée | il créât | il ait créé |
| nous créions | nous créassions | nous ayons créé |
| vous créiez | vous créassiez | vous ayez créé |
| ils créent | ils créassent | ils aient créé |

| *INFINITIVE* | *PARTICIPLE* |
|---|---|
| **PRESENT** | **PRESENT** |
| créer | créant |
| **PAST** | **PAST** |
| avoir créé | créé |

# CRIER
to shout

| PRESENT | IMPERFECT | FUTURE |
|---|---|---|
| je crie | je criais | je crierai |
| tu cries | tu criais | tu crieras |
| il crie | il criait | il criera |
| nous crions | nous criions | nous crierons |
| vous criez | vous criiez | vous crierez |
| ils crient | ils criaient | ils crieront |

| PAST HISTORIC | PERFECT | PLUPERFECT |
|---|---|---|
| je criai | j'ai crié | j'avais crié |
| tu crias | tu as crié | tu avais crié |
| il cria | il a crié | il avait crié |
| nous criâmes | nous avons crié | nous avions crié |
| vous criâtes | vous avez crié | vous aviez crié |
| ils crièrent | ils ont crié | ils avaient crié |

| PAST ANTERIOR | FUTURE PERFECT |
|---|---|
| j'eus crié etc | j'aurai crié etc |

| IMPERATIVE | CONDITIONAL | |
|---|---|---|
| | PRESENT | PAST |
| crie | je crierais | j'aurais crié |
| crions | tu crierais | tu aurais crié |
| criez | il crierait | il aurait crié |
| | nous crierions | nous aurions crié |
| | vous crieriez | vous auriez crié |
| | ils crieraient | ils auraient crié |

## SUBJUNCTIVE

| PRESENT | IMPERFECT | PERFECT |
|---|---|---|
| je crie | je criasse | j'aie crié |
| tu cries | tu criasses | tu aies crié |
| il crie | il criât | il ait crié |
| nous criions | nous criassions | nous ayons crié |
| vous criiez | vous criassiez | vous ayez crié |
| ils crient | ils criassent | ils aient crié |

| INFINITIVE | PARTICIPLE |
|---|---|
| PRESENT | PRESENT |
| crier | criant |
| PAST | PAST |
| avoir crié | crié |

# CROIRE
## to believe

| **PRESENT** | **IMPERFECT** | **FUTURE** |
|---|---|---|
| je crois | je croyais | je croirai |
| tu crois | tu croyais | tu croiras |
| il croit | il croyait | il croira |
| nous croyons | nous croyions | nous croirons |
| vous croyez | vous croyiez | vous croirez |
| ils croient | ils croyaient | ils croiront |

| **PAST HISTORIC** | **PERFECT** | **PLUPERFECT** |
|---|---|---|
| je crus | j'ai cru | j'avais cru |
| tu crus | tu as cru | tu avais cru |
| il crut | il a cru | il avait cru |
| nous crûmes | nous avons cru | nous avions cru |
| vous crûtes | vous avez cru | vous aviez cru |
| ils crurent | ils ont cru | ils avaient cru |

| **PAST ANTERIOR** | **FUTURE PERFECT** |
|---|---|
| j'eus cru etc | j'aurai cru etc |

| *IMPERATIVE* | *CONDITIONAL* | |
|---|---|---|
| | **PRESENT** | **PAST** |
| crois | je croirais | j'aurais cru |
| croyons | tu croirais | tu aurais cru |
| croyez | il croirait | il aurait cru |
| | nous croirions | nous aurions cru |
| | vous croiriez | vous auriez cru |
| | ils croiraient | ils auraient cru |

| *SUBJUNCTIVE* | | |
|---|---|---|
| **PRESENT** | **IMPERFECT** | **PERFECT** |
| je croie | je crusse | j'aie cru |
| tu croies | tu crusses | tu aies cru |
| il croie | il crût | il ait cru |
| nous croyions | nous crussions | nous ayons cru |
| vous croyiez | vous crussiez | vous ayez cru |
| ils croient | ils crussent | ils aient cru |

| *INFINITIVE* | *PARTICIPLE* |
|---|---|
| **PRESENT** | **PRESENT** |
| croire | croyant |
| **PAST** | **PAST** |
| avoir cru | cru |

# 49 CROITRE
to grow

| PRESENT | IMPERFECT | FUTURE |
|---|---|---|
| je crois | je croissais | je croîtrai |
| tu crois | tu croissais | tu croîtras |
| il croît | il croissait | il croîtra |
| nous croissons | nous croissions | nous croîtrons |
| vous croissez | vous croissiez | vous croîtrez |
| ils croissent | ils croissaient | ils croîtront |

| PAST HISTORIC | PERFECT | PLUPERFECT |
|---|---|---|
| je crûs | j'ai crû | j'avais crû |
| tu crûs | tu as crû | tu avais crû |
| il crût | il a crû | il avait crû |
| nous crûmes | nous avons crû | nous avions crû |
| vous crûtes | vous avez crû | vous aviez crû |
| ils crûrent | ils ont crû | ils avaient crû |

| PAST ANTERIOR | FUTURE PERFECT |
|---|---|
| j'eus crû etc | j'aurai crû etc |

| IMPERATIVE | CONDITIONAL | |
|---|---|---|
| | PRESENT | PAST |
| crois | je croîtrais | j'aurais crû |
| croissons | tu croîtrais | tu aurais crû |
| croissez | il croîtrait | il aurait crû |
| | nous croîtrions | nous aurions crû |
| | vous croîtriez | vous auriez crû |
| | ils croîtraient | ils auraient crû |

## SUBJUNCTIVE

| PRESENT | IMPERFECT | PERFECT |
|---|---|---|
| je croisse | je crûsse | j'aie crû |
| tu croisses | tu crûsses | tu aies crû |
| il croisse | il crût | il ait crû |
| nous croissions | nous crûssions | nous ayons crû |
| vous croissiez | vous crûssiez | vous ayez crû |
| ils croissent | ils crûssent | ils aient crû |

| INFINITIVE | PARTICIPLE |
|---|---|
| PRESENT | PRESENT |
| croître | croissant |
| PAST | PAST |
| avoir crû | crû (crue, crus) |

# CUEILLIR
to pick

**PRESENT**

je cueille
tu cueilles
il cueille
nous cueillons
vous cueillez
ils cueillent

**IMPERFECT**

je cueillais
tu cueillais
il cueillait
nous cueillions
vous cueilliez
ils cueillaient

**FUTURE**

je cueillerai
tu cueilleras
il cueillera
nous cueillerons
vous cueillerez
ils cueilleront

**PAST HISTORIC** ·

je cueillis
tu cueillis
il cueillit
nous cueillîmes
vous cueillîtes
ils cueillirent

**PERFECT**

j'ai cueilli
tu as cueilli
il a cueilli
nous avons cueilli
vous avez cueilli
ils ont cueilli

**PLUPERFECT**

j'avais cueilli
tu avais cueilli
il avait cueilli
nous avions cueilli
vous aviez cueilli
ils avaient cueilli

**PAST ANTERIOR**

j'eus cueilli etc

**FUTURE PERFECT**

j'aurai cueilli etc

*IMPERATIVE*

cueille
cueillons
cueillez

*CONDITIONAL*
**PRESENT**

je cueillerais
tu cueillerais
il cueillerait
nous cueillerions
vous cueilleriez
ils cueilleraient

**PAST**

j'aurais cueilli
tu aurais cueilli
il aurait cueilli
nous aurions cueilli
vous auriez cueilli
ils auraient cueilli

*SUBJUNCTIVE*
**PRESENT**

je cueille
tu cueilles
il cueille
nous cueillions
vous cueilliez
ils cueillent

**IMPERFECT**

je cueillisse
tu cueillisses
il cueillît
nous cueillissions
vous cueillissiez
ils cueillissent

**PERFECT**

j'aie cueilli
tu aies cueilli
il ait cueilli
nous ayons cueilli
vous ayez cueilli
ils aient cueilli

*INFINITIVE*
**PRESENT**

cueillir

**PAST**

avoir cueilli

*PARTICIPLE*
**PRESENT**

cueillant

**PAST**

cueilli

# 51

## CUIRE
to cook

| PRESENT | IMPERFECT | FUTURE |
|---|---|---|
| je cuis | je cuisais | je cuirai |
| tu cuis | tu cuisais | tu cuiras |
| il cuit | il cuisait | il cuira |
| nous cuisons | nous cuisions | nous cuirons |
| vous cuisez | vous cuisiez | vous cuirez |
| ils cuisent | ils cuisaient | ils cuiront |

| PAST HISTORIC | PERFECT | PLUPERFECT |
|---|---|---|
| je cuisis | j'ai cuit | j'avais cuit |
| tu cuisis | tu as cuit | tu avais cuit |
| il cuisit | il a cuit | il avait cuit |
| nous cuisîmes | nous avons cuit | nous avions cuit |
| vous cuisîtes | vous avez cuit | vous aviez cuit |
| ils cuisirent | ils ont cuit | ils avaient cuit |

| PAST ANTERIOR | FUTURE PERFECT |
|---|---|
| j'eus cuit etc | j'aurai cuit etc |

| IMPERATIVE | CONDITIONAL | |
|---|---|---|
| | PRESENT | PAST |
| cuis | je cuirais | j'aurais cuit |
| cuisons | tu cuirais | tu aurais cuit |
| cuisez | il cuirait | il aurait cuit |
| | nous cuirions | nous aurions cuit |
| | vous cuiriez | vous auriez cuit |
| | ils cuiraient | ils auraient cuit |

## SUBJUNCTIVE

| PRESENT | IMPERFECT | PERFECT |
|---|---|---|
| je cuise | je cuisisse | j'aie cuit |
| tu cuises | tu cuisisses | tu aies cuit |
| il cuise | il cuisît | il ait cuit |
| nous cuisions | nous cuisissions | nous ayons cuit |
| vous cuisiez | vous cuisissiez | vous ayez cuit |
| ils cuisent | ils cuisissent | ils aient cuit |

| INFINITIVE | PARTICIPLE |
|---|---|
| PRESENT | PRESENT |
| cuire | cuisant |
| PAST | PAST |
| avoir cuit | cuit |

to decline

## PRESENT

je déchois
tu déchois
il déchoit
nous déchoyons
vous déchoyez
ils déchoient

## IMPERFECT

## FUTURE

je déchoirai
tu déchoiras
il déchoira
nous déchoirons
vous déchoirez
ils déchoiront

## PAST HISTORIC

je déchus
tu déchus
il déchut
nous déchûmes
vous déchûtes
ils déchurent

## PERFECT

j'ai déchu
tu as déchu
il a déchu
nous avons déchu
vous avez déchu
ils ont déchu

## PLUPERFECT

j'avais déchu
tu avais déchu
il avait déchu
nous avions déchu
vous aviez déchu
ils avaient déchu

## PAST ANTERIOR

j'eus déchu etc

## FUTURE PERFECT

j'aurai déchu etc

## *IMPERATIVE*

## *CONDITIONAL*

### PRESENT

je déchoirais
tu déchoirais
il déchoirait
nous déchoirions
vous déchoiriez
ils déchoiraient

### PAST

j'aurais déchu
tu aurais déchu
il aurait déchu
nous aurions déchu
vous auriez déchu
ils auraient déchu

## *SUBJUNCTIVE*

## PRESENT

je déchoie
tu déchoies
il déchoie
nous déchoyions
vous déchoyiez
ils déchoient

## IMPERFECT

je déchusse
tu déchusses
il déchût
nous déchussions
vous déchussiez
ils déchussent

## PERFECT

j'aie déchu
tu aies déchu
il ait déchu
nous ayons déchu
vous ayez déchu
ils aient déchu

## *INFINITIVE*

### PRESENT

déchoir

### PAST

avoir déchu

## *PARTICIPLE*

### PRESENT

### PAST

déchu

## *NOTE*

*can also take auxiliary*
être

# 53 DECOUVRIR
to discover

| PRESENT | IMPERFECT | FUTURE |
|---|---|---|
| je découvre | je découvrais | je découvrirai |
| tu découvres | tu découvrais | tu découvriras |
| il découvre | il découvrait | il découvrira |
| nous découvrons | nous découvrions | nous découvrirons |
| vous découvrez | vous découvriez | vous découvrirez |
| ils découvrent | ils découvraient | ils découvriront |

| PAST HISTORIC | PERFECT | PLUPERFECT |
|---|---|---|
| je découvris | j'ai découvert | j'avais découvert |
| tu découvris | tu as découvert | tu avais découvert |
| il découvrit | il a découvert | il avait découvert |
| nous découvrîmes | nous avons découvert | nous avions découvert |
| vous découvrîtes | vous avez découvert | vous aviez découvert |
| ils découvrirent | ils ont découvert | ils avaient découvert |

| PAST ANTERIOR | FUTURE PERFECT |
|---|---|
| j'eus découvert etc | j'aurai découvert etc |

| IMPERATIVE | CONDITIONAL | |
|---|---|---|
| | PRESENT | PAST |
| découvre | je découvrirais | j'aurais découvert |
| découvrons | tu découvrirais | tu aurais découvert |
| découvrez | il découvrirait | il aurait découvert |
| | nous découvririons | nous aurions découvert |
| | vous découvririez | vous auriez découvert |
| | ils découvriraient | ils auraient découvert |

## SUBJUNCTIVE

| PRESENT | IMPERFECT | PERFECT |
|---|---|---|
| je découvre | je découvrisse | j'aie découvert |
| tu découvres | tu découvrisses | tu aies découvert |
| il découvre | il découvrît | il ait découvert |
| nous découvrions | nous découvrissions | nous ayons découvert |
| vous découvriez | vous découvrissiez | vous ayez découvert |
| ils découvrent | ils découvrissent | ils aient découvert |

| INFINITIVE | PARTICIPLE |
|---|---|
| PRESENT | PRESENT |
| découvrir | découvrant |
| PAST | PAST |
| avoir découvert | découvert |

# DECRIRE
to describe

| PRESENT | IMPERFECT | FUTURE |
|---|---|---|
| je décris | je décrivais | je décrirai |
| tu décris | tu décrivais | tu décriras |
| il décrit | il décrivait | il décrira |
| nous décrivons | nous décrivions | nous décrirons |
| vous décrivez | vous décriviez | vous décrirez |
| ils décrivent | ils décrivaient | ils décriront |

| PAST HISTORIC | PERFECT | PLUPERFECT |
|---|---|---|
| je décrivis | j'ai décrit | j'avais décrit |
| tu décrivis | tu as décrit | tu avais décrit |
| il décrivit | il a décrit | il avait décrit |
| nous décrivîmes | nous avons décrit | nous avions décrit |
| vous décrivîtes | vous avez décrit | vous aviez décrit |
| ils décrivirent | ils ont décrit | ils avaient décrit |

| PAST ANTERIOR | FUTURE PERFECT |
|---|---|
| j'eus décrit etc | j'aurai décrit etc |

| *IMPERATIVE* | *CONDITIONAL* | |
|---|---|---|
| | PRESENT | PAST |
| décris | je décrirais | j'aurais décrit |
| décrivons | tu décrirais | tu aurais décrit |
| décrivez | il décrirait | il aurait décrit |
| | nous décririons | nous aurions décrit |
| | vous décririez | vous auriez décrit |
| | ils décriraient | ils auraient décrit |

## *SUBJUNCTIVE*

| PRESENT | IMPERFECT | PERFECT |
|---|---|---|
| je décrive | je décrivisse | j'aie décrit |
| tu décrives | tu décrivisses | tu aies décrit |
| il décrive | il décrivît | il ait décrit |
| nous décrivions | nous décrivissions | nous ayons décrit |
| vous décriviez | vous décrivissiez | vous ayez décrit |
| ils décrivent | ils décrivissent | ils aient décrit |

| *INFINITIVE* | *PARTICIPLE* |
|---|---|
| PRESENT | PRESENT |
| décrire | décrivant |
| PAST | PAST |
| avoir décrit | décrit |

**DEFAILLIR**
to faint

| PRESENT | IMPERFECT | FUTURE |
|---|---|---|
| je défaille | je défaillais | je défaillirai |
| tu défailles | tu défaillais | tu défailliras |
| il défaille | il défaillait | il défaillira |
| nous défaillons | nous défaillions | nous défaillirons |
| vous défaillez | vous défailliez | vous défaillirez |
| ils défaillent | ils défaillaient | ils défailliront |

| PAST HISTORIC | PERFECT | PLUPERFECT |
|---|---|---|
| je défaillis | j'ai défailli | j'avais défailli |
| tu défaillis | tu as défailli | tu avais défailli |
| il défaillit | il a défailli | il avait défailli |
| nous défaillîmes | nous avons défailli | nous avions défailli |
| vous défaillîtes | vous avez défailli | vous aviez défailli |
| ils défaillirent | ils ont défailli | ils avaient défailli |

| PAST ANTERIOR | FUTURE PERFECT |
|---|---|
| j'eus défailli etc | j'aurai défailli etc |

| *IMPERATIVE* | *CONDITIONAL* | |
|---|---|---|
| | PRESENT | PAST |
| défaille | je défaillirais | j'aurais défailli |
| défaillons | tu défaillirais | tu aurais défailli |
| défaillez | il défaillirait | il aurait défailli |
| | nous défaillirions | nous aurions défailli |
| | vous défailliriez | vous auriez défailli |
| | ils défailliraient | ils auraient défailli |

| *SUBJUNCTIVE* | | |
|---|---|---|
| PRESENT | IMPERFECT | PERFECT |
| je défaille | je défaillisse | j'aie défailli |
| tu défailles | tu défaillisses | tu aies défailli |
| il défaille | il défaillît | il ait défailli |
| nous défaillions | nous défaillissions | nous ayons défailli |
| vous défailliez | vous défaillissiez | vous ayez défailli |
| ils défaillent | ils défaillissent | ils aient défailli |

| *INFINITIVE* | *PARTICIPLE* |
|---|---|
| PRESENT | PRESENT |
| défaillir | défaillant |
| PAST | PAST |
| avoir défailli | défailli |

# DEFENDRE
to defend, to forbid

**56**

| PRESENT | IMPERFECT | FUTURE |
|---|---|---|
| je défends | je défendais | je défendrai |
| tu défends | tu défendais | tu défendras |
| il défend | il défendait | il défendra |
| nous défendons | nous défendions | nous défendrons |
| vous défendez | vous défendiez | vous défendrez |
| ils défendent | ils défendaient | ils défendront |

| PAST HISTORIC | PERFECT | PLUPERFECT |
|---|---|---|
| je défendis | j'ai défendu | j'avais défendu |
| tu défendis | tu as défendu | tu avais défendu |
| il défendit | il a défendu | il avait défendu |
| nous défendîmes | nous avons défendu | nous avions défendu |
| vous défendîtes | vous avez défendu | vous aviez défendu |
| ils défendirent | ils ont défendu | ils avaient défendu |

| PAST ANTERIOR | FUTURE PERFECT |
|---|---|
| j'eus défendu etc | j'aurai défendu etc |

| IMPERATIVE | CONDITIONAL | |
|---|---|---|
| | PRESENT | PAST |
| défends | je défendrais | j'aurais défendu |
| défendons | tu défendrais | tu aurais défendu |
| défendez | il défendrait | il aurait défendu |
| | nous défendrions | nous aurions défendu |
| | vous défendriez | vous auriez défendu |
| | ils défendraient | ils auraient défendu |

## SUBJUNCTIVE

| PRESENT | IMPERFECT | PERFECT |
|---|---|---|
| je défende | je défendisse | j'aie défendu |
| tu défendes | tu défendisses | tu aies défendu |
| il défende | il défendît | il ait défendu |
| nous défendions | nous défendissions | nous ayons défendu |
| vous défendiez | vous défendissiez | vous ayez défendu |
| ils défendent | ils défendissent | ils aient défendu |

| INFINITIVE | PARTICIPLE |
|---|---|
| PRESENT | PRESENT |
| défendre | défendant |
| PAST | PAST |
| avoir défendu | défendu |

# DEMONTER
to dismantle

| PRESENT | IMPERFECT | FUTURE |
|---|---|---|
| je démonte | je démontais | je démonterai |
| tu démontes | tu démontais | tu démonteras |
| il démonte | il démontait | il démontera |
| nous démontons | nous démontions | nous démonterons |
| vous démontez | vous démontiez | vous démonterez |
| ils démontent | ils démontaient | ils démonteront |

| PAST HISTORIC | PERFECT | PLUPERFECT |
|---|---|---|
| je démontai | j'ai démonté | j'avais démonté |
| tu démontas | tu as démonté | tu avais démonté |
| il démonta | il a démonté | il avait démonté |
| nous démontâmes | nous avons démonté | nous avions démonté |
| vous démontâtes | vous avez démonté | vous aviez démonté |
| ils démontèrent | ils ont démonté | ils avaient démonté |

| PAST ANTERIOR | FUTURE PERFECT |
|---|---|
| j'eus démonté etc | j'aurai démonté etc |

| IMPERATIVE | CONDITIONAL | |
|---|---|---|
| | PRESENT | PAST |
| démonte | je démonterais | j'aurais démonté |
| démontons | tu démonterais | tu aurais démonté |
| démontez | il démonterait | il aurait démonté |
| | nous démonterions | nous aurions démonté |
| | vous démonteriez | vous auriez démonté |
| | ils démonteraient | ils auraient démonté |

## SUBJUNCTIVE

| PRESENT | IMPERFECT | PERFECT |
|---|---|---|
| je démonte | je démontasse | j'aie démonté |
| tu démontes | tu démontasses | tu aies démonté |
| il démonte | il démontât | il ait démonté |
| nous démontions | nous démontassions | nous ayons démonté |
| vous démontiez | vous démontassiez | vous ayez démonté |
| ils démontent | ils démontassent | ils aient démonté |

| INFINITIVE | PARTICIPLE |
|---|---|
| PRESENT | PRESENT |
| démonter | démontant |
| PAST | PAST |
| avoir démonté | démonté |

# DEPECER
## to cut up
## 58

| **PRESENT** | **IMPERFECT** | **FUTURE** |
|---|---|---|
| je dépèce | je dépeçais | je dépècerai |
| tu dépèces | tu dépeçais | tu dépèceras |
| il dépèce | il dépeçait | il dépècera |
| nous dépeçons | nous dépecions | nous dépècerons |
| vous dépecez | vous dépeciez | vous dépècerez |
| ils dépècent | ils dépeçaient | ils dépèceront |

| **PAST HISTORIC** | **PERFECT** | **PLUPERFECT** |
|---|---|---|
| je dépeçai | j'ai dépecé | j'avais dépecé |
| tu dépeças | tu as dépecé | tu avais dépecé |
| il dépeça | il a dépecé | il avait dépecé |
| nous dépeçâmes | nous avons dépecé | nous avions dépecé |
| vous dépeçâtes | vous avez dépecé | vous aviez dépecé |
| ils dépecèrent | ils ont dépecé | ils avaient dépecé |

| **PAST ANTERIOR** | **FUTURE PERFECT** |
|---|---|
| j'eus dépecé etc | j'aurai dépecé etc |

| **IMPERATIVE** | **CONDITIONAL** | |
|---|---|---|
| | **PRESENT** | **PAST** |
| dépèce | je dépècerais | j'aurais dépecé |
| dépeçons | tu dépècerais | tu aurais dépecé |
| dépecez | il dépècerait | il aurait dépecé |
| | nous dépècerions | nous aurions dépecé |
| | vous dépèceriez | vous auriez dépecé |
| | ils dépèceraient | ils auraient dépecé |

## SUBJUNCTIVE

| **PRESENT** | **IMPERFECT** | **PERFECT** |
|---|---|---|
| je dépèce | je dépeçasse | j'aie dépecé |
| tu dépèces | tu dépeçasses | tu aies dépecé |
| il dépèce | il dépeçât | il ait dépecé |
| nous dépecions | nous dépeçassions | nous ayons dépecé |
| vous dépeciez | vous dépeçassiez | vous ayez dépecé |
| ils dépècent | ils dépeçassent | ils aient dépecé |

| **INFINITIVE** | **PARTICIPLE** |
|---|---|
| **PRESENT** | **PRESENT** |
| dépecer | dépeçant |
| **PAST** | **PAST** |
| avoir dépecé | dépecé |

# 59

## DESCENDRE
### to go down

| **PRESENT** | **IMPERFECT** | **FUTURE** |
|---|---|---|
| je descends | je descendais | je descendrai |
| tu descends | tu descendais | tu descendras |
| il descend | il descendait | il descendra |
| nous descendons | nous descendions | nous descendrons |
| vous descendez | vous descendiez | vous descendrez |
| ils descendent | ils descendaient | ils descendront |

| **PAST HISTORIC** | **PERFECT** | **PLUPERFECT** |
|---|---|---|
| je descendis | je suis descendu | j'étais descendu |
| tu descendis | tu es descendu | tu étais descendu |
| il descendit | il est descendu | il était descendu |
| nous descendîmes | nous sommes descendus | nous étions descendus |
| vous descendîtes | vous êtes descendu(s) | vous étiez descendu(s) |
| ils descendirent | ils sont descendus | ils étaient descendus |

| **PAST ANTERIOR** | **FUTURE PERFECT** |
|---|---|
| je fus descendu etc | je serai descendu etc |

| **IMPERATIVE** | **CONDITIONAL** | |
|---|---|---|
| | **PRESENT** | |
| descends | je descendrais | **PAST** |
| descendons | tu descendrais | je serais descendu |
| descendez | il descendrait | tu serais descendu |
| | nous descendrions | il serait descendu |
| | vous descendriez | nous serions descendus |
| | ils descendraient | vous seriez descendu(s) |
| | | ils seraient descendus |

### *SUBJUNCTIVE*

| **PRESENT** | **IMPERFECT** | **PERFECT** |
|---|---|---|
| je descende | je descendisse | je sois descendu |
| tu descendes | tu descendisses | tu sois descendu |
| il descende | il descendît | il soit descendu |
| nous descendions | nous descendissions | nous soyons descendus |
| vous descendiez | vous descendissiez | vous soyez descendu(s) |
| ils descendent | ils descendissent | ils soient descendus |

| **INFINITIVE** | **PARTICIPLE** | **NOTE** |
|---|---|---|
| **PRESENT** | **PRESENT** | *auxiliary* avoir *when transitive* |
| descendre | descendant | |
| **PAST** | **PAST** | |
| être descendu | descendu | |

# DETRUIRE
to destroy

**60**

| **PRESENT** | **IMPERFECT** | **FUTURE** |
|---|---|---|
| je détruis | je détruisais | je détruirai |
| tu détruis | tu détruisais | tu détruiras |
| il détruit | il détruisait | il détruira |
| nous détruisons | nous détruisions | nous détruirons |
| vous détruisez | vous détruisiez | vous détruirez |
| ils détruisent | ils détruisaient | ils détruiront |

| **PAST HISTORIC** | **PERFECT** | **PLUPERFECT** |
|---|---|---|
| je détruisis | j'ai détruit | j'avais détruit |
| tu détruisis | tu as détruit | tu avais détruit |
| il détruisit | il a détruit | il avait détruit |
| nous détruisîmes | nous avons détruit | nous avions détruit |
| vous détruisîtes | vous avez détruit | vous aviez détruit |
| ils détruisirent | ils ont détruit | ils avaient détruit |

| **PAST ANTERIOR** | **FUTURE PERFECT** |
|---|---|
| j'eus détruit etc | j'aurai détruit etc |

| *IMPERATIVE* | *CONDITIONAL* | |
|---|---|---|
| | **PRESENT** | **PAST** |
| détruis | je détruirais | j'aurais détruit |
| détruisons | tu détruirais | tu aurais détruit |
| détruisez | il détruirait | il aurait détruit |
| | nous détruirions | nous aurions détruit |
| | vous détruiriez | vous auriez détruit |
| | ils détruiraient | ils auraient détruit |

## *SUBJUNCTIVE*

| **PRESENT** | **IMPERFECT** | **PERFECT** |
|---|---|---|
| je détruise | je détruisisse | j'aie détruit |
| tu détruises | tu détruisisses | tu aies détruit |
| il détruise | il détruisît | il ait détruit |
| nous détruisions | nous détruisissions | nous ayons détruit |
| vous détruisiez | vous détruisissiez | vous ayez détruit |
| ils détruisent | ils détruisissent | ils aient détruit |

| *INFINITIVE* | *PARTICIPLE* |
|---|---|
| **PRESENT** | **PRESENT** |
| détruire | détruisant |
| **PAST** | **PAST** |
| avoir détruit | détruit |

# 61 DEVENIR
to become

| PRESENT | IMPERFECT | FUTURE |
|---|---|---|
| je deviens | je devenais | je deviendrai |
| tu deviens | tu devenais | tu deviendras |
| il devient | il devenait | il deviendra |
| nous devenons | nous devenions | nous deviendrons |
| vous devenez | vous deveniez | vous deviendrez |
| ils deviennent | ils devenaient | ils deviendront |

| PAST HISTORIC | PERFECT | PLUPERFECT |
|---|---|---|
| je devins | je suis devenu | j'étais devenu |
| tu devins | tu es devenu | tu étais devenu |
| il devint | il est devenu | il était devenu |
| nous devînmes | nous sommes devenus | nous étions devenus |
| vous devîntes | vous êtes devenu(s) | vous étiez devenu(s) |
| ils devinrent | ils sont devenus | ils étaient devenus |

| PAST ANTERIOR | FUTURE PERFECT |
|---|---|
| je fus devenu etc | je serai devenu etc |

| IMPERATIVE | CONDITIONAL | |
|---|---|---|
| | PRESENT | PAST |
| deviens | je deviendrais | je serais devenu |
| devenons | tu deviendrais | tu serais devenu |
| devenez | il deviendrait | il serait devenu |
| | nous deviendrions | nous serions devenus |
| | vous deviendriez | vous seriez devenu(s) |
| | ils deviendraient | ils seraient devenus |

## SUBJUNCTIVE

| PRESENT | IMPERFECT | PERFECT |
|---|---|---|
| je devienne | je devinsse | je sois devenu |
| tu deviennes | tu devinsses | tu sois devenu |
| il devienne | il devînt | il soit devenu |
| nous devenions | nous devinssions | nous soyons devenus |
| vous deveniez | vous devinssiez | vous soyez devenu(s) |
| ils deviennent | ils devinssent | ils soient devenus |

| INFINITIVE | PARTICIPLE |
|---|---|
| PRESENT | PRESENT |
| devenir | devenant |
| PAST | PAST |
| être devenu | devenu |

# DEVOIR
to have to

| PRESENT | IMPERFECT | FUTURE |
|---|---|---|
| je dois | je devais | je devrai |
| tu dois | tu devais | tu devras |
| il doit | il devait | il devra |
| nous devons | nous devions | nous devrons |
| vous devez | vous deviez | vous devrez |
| ils doivent | ils devaient | ils devront |

| PAST HISTORIC | PERFECT | PLUPERFECT |
|---|---|---|
| je dus | j'ai dû | j'avais dû |
| tu dus | tu as dû | tu avais dû |
| il dut | il a dû | il avait dû |
| nous dûmes | nous avons dû | nous avions dû |
| vous dûtes | vous avez dû | vous aviez dû |
| ils durent | ils ont dû | ils avaient dû |

| PAST ANTERIOR | FUTURE PERFECT |
|---|---|
| j'eus dû etc | j'aurai dû etc |

| IMPERATIVE | CONDITIONAL | |
|---|---|---|
| | PRESENT | PAST |
| dois | je devrais | j'aurais dû |
| devons | tu devrais | tu aurais dû |
| devez | il devrait | il aurait dû |
| | nous devrions | nous aurions dû |
| | vous devriez | vous auriez dû |
| | ils devraient | ils auraient dû |

## SUBJUNCTIVE

| PRESENT | IMPERFECT | PERFECT |
|---|---|---|
| je doive | je dusse | j'aie dû |
| tu doives | tu dusses | tu aies dû |
| il doive | il dût | il ait dû |
| nous devions | nous dussions | nous ayons dû |
| vous deviez | vous dussiez | vous ayez dû |
| ils doivent | ils dussent | ils aient dû |

| INFINITIVE | PARTICIPLE |
|---|---|
| PRESENT | PRESENT |
| devoir | devant |
| PAST | PAST |
| avoir dû | dû (due, dus) |

# 63 DIRE
to say

| PRESENT | IMPERFECT | FUTURE |
|---|---|---|
| je dis | je disais | je dirai |
| tu dis | tu disais | tu diras |
| il dit | il disait | il dira |
| nous disons | nous disions | nous dirons |
| vous dites | vous disiez | vous direz |
| ils disent | ils disaient | ils diront |

| PAST HISTORIC | PERFECT | PLUPERFECT |
|---|---|---|
| je dis | j'ai dit | j'avais dit |
| tu dis | tu as dit | tu avais dit |
| il dit | il a dit | il avait dit |
| nous dîmes | nous avons dit | nous avions dit |
| vous dîtes | vous avez dit | vous aviez dit |
| ils dirent | ils ont dit | ils avaient dit |

| PAST ANTERIOR | FUTURE PERFECT |
|---|---|
| j'eus dit etc | j'aurai dit etc |

| IMPERATIVE | CONDITIONAL | |
|---|---|---|
| | PRESENT | PAST |
| dis | je dirais | j'aurais dit |
| disons | tu dirais | tu aurais dit |
| dites | il dirait | il aurait dit |
| | nous dirions | nous aurions dit |
| | vous diriez | vous auriez dit |
| | ils diraient | ils auraient dit |

## SUBJUNCTIVE

| PRESENT | IMPERFECT | PERFECT |
|---|---|---|
| je dise | je disse | j'aie dit |
| tu dises | tu disses | tu aies dit |
| il dise | il dît | il ait dit |
| nous disions | nous dissions | nous ayons dit |
| vous disiez | vous dissiez | vous ayez dit |
| ils disent | ils dissent | ils aient dit |

| INFINITIVE | PARTICIPLE |
|---|---|
| PRESENT | PRESENT |
| dire | disant |
| PAST | PAST |
| avoir dit | dit |

# DISSEQUER
to dissect

**64**

| PRESENT | IMPERFECT | FUTURE |
|---|---|---|
| je dissèque | je disséquais | je disséquerai |
| tu dissèques | tu disséquais | tu disséqueras |
| il dissèque | il disséquait | il disséquera |
| nous disséquons | nous disséquions | nous disséquerons |
| vous disséquez | vous disséquiez | vous disséquerez |
| ils dissèquent | ils disséquaient | ils disséqueront |

| PAST HISTORIC | PERFECT | PLUPERFECT |
|---|---|---|
| je disséquai | j'ai disséqué | j'avais disséqué |
| tu disséquas | tu as disséqué | tu avais disséqué |
| il disséqua | il a disséqué | il avait disséqué |
| nous disséquâmes | nous avons disséqué | nous avions disséqué |
| vous disséquâtes | vous avez disséqué | vous aviez disséqué |
| ils disséquèrent | ils ont disséqué | ils avaient disséqué |

| PAST ANTERIOR | FUTURE PERFECT |
|---|---|
| j'eus disséqué etc | j'aurai disséqué etc |

| IMPERATIVE | CONDITIONAL | |
|---|---|---|
| | PRESENT | PAST |
| dissèque | je disséquerais | j'aurais disséqué |
| disséquons | tu disséquerais | tu aurais disséqué |
| disséquez | il disséquerait | il aurait disséqué |
| | nous disséquerions | nous aurions disséqué |
| | vous disséqueriez | vous auriez disséqué |
| | ils disséqueraient | ils auraient disséqué |

## SUBJUNCTIVE

| PRESENT | IMPERFECT | PERFECT |
|---|---|---|
| je dissèque | je disséquasse | j'aie disséqué |
| tu dissèques | tu disséquasses | tu aies disséqué |
| il dissèque | il disséquât | il ait disséqué |
| nous disséquions | nous disséquassions | nous ayons disséqué |
| vous disséquiez | vous disséquassiez | vous ayez disséqué |
| ils dissèquent | ils disséquassent | ils aient disséqué |

| INFINITIVE | PARTICIPLE |
|---|---|
| PRESENT | PRESENT |
| disséquer | disséquant |
| PAST | PAST |
| avoir disséqué | disséqué |

# 65 DISSOUDRE
to dissolve

| PRESENT | IMPERFECT | FUTURE |
|---|---|---|
| je dissous | je dissolvais | je dissoudrai |
| tu dissous | tu dissolvais | tu dissoudras |
| il dissout | il dissolvait | il dissoudra |
| nous dissolvons | nous dissolvions | nous dissoudrons |
| vous dissolvez | vous dissolviez | vous dissoudrez |
| ils dissolvent | ils dissolvaient | ils dissoudront |

| PAST HISTORIC | PERFECT | PLUPERFECT |
|---|---|---|
| je dissolus | j'ai dissous | j'avais dissous |
| tu dissolus | tu as dissous | tu avais dissous |
| il dissolut | il a dissous | il avait dissous |
| nous dissolûmes | nous avons dissous | nous avions dissous |
| vous dissolûtes | vous avez dissous | vous aviez dissous |
| ils dissolurent | ils ont dissous | ils avaient dissous |

| PAST ANTERIOR | FUTURE PERFECT |
|---|---|
| j'eus dissous etc | j'aurai dissous etc |

| IMPERATIVE | CONDITIONAL | |
|---|---|---|
| | PRESENT | PAST |
| dissous | je dissoudrais | j'aurais dissous |
| dissolvons | tu dissoudrais | tu aurais dissous |
| dissolvez | il dissoudrait | il aurait dissous |
| | nous dissoudrions | nous aurions dissous |
| | vous dissoudriez | vous auriez dissous |
| | ils dissoudraient | ils auraient dissous |

## SUBJUNCTIVE

| PRESENT | IMPERFECT | PERFECT |
|---|---|---|
| je dissolve | je dissolusse | j'aie dissous |
| tu dissolves | tu dissolusses | tu aies dissous |
| il dissolve | il dissolût | il ait dissous |
| nous dissolvions | nous dissolussions | nous ayons dissous |
| vous dissolviez | vous dissolussiez | vous ayez dissous |
| ils dissolvent | ils dissolussent | ils aient dissous |

| INFINITIVE | PARTICIPLE |
|---|---|
| PRESENT | PRESENT |
| dissoudre | dissolvant |
| PAST | PAST |
| avoir dissous | dissous (dissoute) |

| PRESENT | IMPERFECT | FUTURE |
|---|---|---|
| je distrais | je distrayais | je distrairai |
| tu distrais | tu distrayais | tu distrairas |
| il distrait | il distrayait | il distraira |
| nous distrayons | nous distrayions | nous distrairons |
| vous distrayez | vous distrayiez | vous distrairez |
| ils distraient | ils distrayaient | ils distrairont |

| PAST HISTORIC | PERFECT | PLUPERFECT |
|---|---|---|
| | j'ai distrait | j'avais distrait |
| | tu as distrait | tu avais distrait |
| | il a distrait | il avait distrait |
| | nous avons distrait | nous avions distrait |
| | vous avez distrait | vous aviez distrait |
| | ils ont distrait | ils avaient distrait |

| PAST ANTERIOR | FUTURE PERFECT |
|---|---|
| j'eus distrait etc | j'aurai distrait etc |

| IMPERATIVE | CONDITIONAL | |
|---|---|---|
| | PRESENT | PAST |
| distrais | je distrairais | j'aurais distrait |
| distrayons | tu distrairais | tu aurais distrait |
| distrayez | il distrairait | il aurait distrait |
| | nous distrairions | nous aurions distrait |
| | vous distrairiez | vous auriez distrait |
| | ils distrairaient | ils auraient distrait |

| SUBJUNCTIVE | | |
|---|---|---|
| PRESENT | IMPERFECT | PERFECT |
| je distraie | | j'aie distrait |
| tu distraies | | tu aies distrait |
| il distraie | | il ait distrait |
| nous distrayions | | nous ayons distrait |
| vous distrayiez | | vous ayez distrait |
| ils distraient | | ils aient distrait |

| INFINITIVE | PARTICIPLE | NOTE |
|---|---|---|
| PRESENT | PRESENT | braire *and* traire: *no past historic or subjunctive imperfect* |
| distraire | distrayant | |
| PAST | PAST | |
| avoir distrait | distrait | |

# 67    DONNER
## to give

| PRESENT | IMPERFECT | FUTURE |
|---|---|---|
| je donne | je donnais | je donnerai |
| tu donnes | tu donnais | tu donneras |
| il donne | il donnait | il donnera |
| nous donnons | nous donnions | nous donnerons |
| vous donnez | vous donniez | vous donnerez |
| ils donnent | ils donnaient | ils donneront |

| PAST HISTORIC | PERFECT | PLUPERFECT |
|---|---|---|
| je donnai | j'ai donné | j'avais donné |
| tu donnas | tu as donné | tu avais donné |
| il donna | il a donné | il avait donné |
| nous donnâmes | nous avons donné | nous avions donné |
| vous donnâtes | vous avez donné | vous aviez donné |
| ils donnèrent | ils ont donné | ils avaient donné |

| PAST ANTERIOR | FUTURE PERFECT |
|---|---|
| j'eus donné etc | j'aurai donné etc |

| IMPERATIVE | CONDITIONAL | |
|---|---|---|
| | PRESENT | PAST |
| donne | je donnerais | j'aurais donné |
| donnons | tu donnerais | tu aurais donné |
| donnez | il donnerait | il aurait donné |
| | nous donnerions | nous aurions donné |
| | vous donneriez | vous auriez donné |
| | ils donneraient | ils auraient donné |

## SUBJUNCTIVE

| PRESENT | IMPERFECT | PERFECT |
|---|---|---|
| je donne | je donnasse | j'aie donné |
| tu donnes | tu donnasses | tu aies donné |
| il donne | il donnât | il ait donné |
| nous donnions | nous donnassions | nous ayons donné |
| vous donniez | vous donnassiez | vous ayez donné |
| ils donnent | ils donnassent | ils aient donné |

| INFINITIVE | PARTICIPLE |
|---|---|
| PRESENT | PRESENT |
| donner | donnant |
| PAST | PAST |
| avoir donné | donné |

# DORMIR
to sleep

| PRESENT | IMPERFECT | FUTURE |
|---|---|---|
| je dors | je dormais | je dormirai |
| tu dors | tu dormais | tu dormiras |
| il dort | il dormait | il dormira |
| nous dormons | nous dormions | nous dormirons |
| vous dormez | vous dormiez | vous dormirez |
| ils dorment | ils dormaient | ils dormiront |

| PAST HISTORIC | PERFECT | PLUPERFECT |
|---|---|---|
| je dormis | j'ai dormi | j'avais dormi |
| tu dormis | tu as dormi | tu avais dormi |
| il dormit | il a dormi | il avait dormi |
| nous dormîmes | nous avons dormi | nous avions dormi |
| vous dormîtes | vous avez dormi | vous aviez dormi |
| ils dormirent | ils ont dormi | ils avaient dormi |

| PAST ANTERIOR | FUTURE PERFECT |
|---|---|
| j'eus dormi etc | j'aurai dormi etc |

| IMPERATIVE | CONDITIONAL | |
|---|---|---|
| | PRESENT | PAST |
| dors | je dormirais | j'aurais dormi |
| dormons | tu dormirais | tu aurais dormi |
| dormez | il dormirait | il aurait dormi |
| | nous dormirions | nous aurions dormi |
| | vous dormiriez | vous auriez dormi |
| | ils dormiraient | ils auraient dormi |

## SUBJUNCTIVE

| PRESENT | IMPERFECT | PERFECT |
|---|---|---|
| je dorme | je dormisse | j'aie dormi |
| tu dormes | tu dormisses | tu aies dormi |
| il dorme | il dormît | il ait dormi |
| nous dormions | nous dormissions | nous ayons dormi |
| vous dormiez | vous dormissiez | vous ayez dormi |
| ils dorment | ils dormissent | ils aient dormi |

| INFINITIVE | PARTICIPLE |
|---|---|
| PRESENT | PRESENT |
| dormir | dormant |
| PAST | PAST |
| avoir dormi | dormi |

# 69 ECHOIR
to expire

| PRESENT | IMPERFECT | FUTURE |
|---|---|---|
| il échoit | | il échoira |

| PAST HISTORIC | PERFECT | PLUPERFECT |
|---|---|---|
| il échut | il est échu | il était échu |

| PAST ANTERIOR | FUTURE PERFECT | |
|---|---|---|
| il fut échu | il sera échu | |

| *IMPERATIVE* | *CONDITIONAL* | |
|---|---|---|
| | **PRESENT** | **PAST** |
| | il échoirait | il serait échu |
| | ils échoiraient | |

| *SUBJUNCTIVE* | | |
|---|---|---|
| **PRESENT** | **IMPERFECT** | **PERFECT** |
| | il échût | il soit échu |

| *INFINITIVE* | *PARTICIPLE* |
|---|---|
| **PRESENT** | **PRESENT** |
| échoir | échéant |
| **PAST** | **PAST** |
| être échu | échu |

# ECLORE
to hatch, to open

| PRESENT | IMPERFECT | FUTURE |
|---|---|---|
| il éclôt | | il éclora |
| ils éclosent | | ils écloront |

| PAST HISTORIC | PERFECT | PLUPERFECT |
|---|---|---|
| | il est éclos | il était éclos |
| | ils sont éclos | ils étaient éclos |

| PAST ANTERIOR | FUTURE PERFECT | |
|---|---|---|
| il fut éclos etc | il sera éclos etc | |

| *IMPERATIVE* | *CONDITIONAL* | |
|---|---|---|
| | **PRESENT** | **PAST** |
| | il éclorait | il serait éclos |
| | ils écloraient | ils seraient éclos |

| *SUBJUNCTIVE* | | |
|---|---|---|
| **PRESENT** | **IMPERFECT** | **PERFECT**₁₄ |
| il éclose | | il soit éclos |
| ils éclosent | | ils soient éclos |

| *INFINITIVE* | *PARTICIPLE* | |
|---|---|---|
| **PRESENT** | **PRESENT** | |
| éclore | | |
| **PAST** | **PAST** | |
| être éclos | éclos | |

**ECREMER**
to skim

| PRESENT | IMPERFECT | FUTURE |
|---|---|---|
| j'écrème | j'écrémais | j'écrémerai |
| tu écrèmes | tu écrémais | tu écrémeras |
| il écrème | il écrémait | il écrémera |
| nous écrémons | nous écrémions | nous écrémerons |
| vous écrémez | vous écrémiez | vous écrémerez |
| ils écrèment | ils écrémaient | ils écrémeront |

| PAST HISTORIC | PERFECT | PLUPERFECT |
|---|---|---|
| j'écrémai | j'ai écrémé | j'avais écrémé |
| tu écrémas | tu as écrémé | tu avais écrémé |
| il écréma | il a écrémé | il avait écrémé |
| nous écrémâmes | nous avons écrémé | nous avions écrémé |
| vous écrémâtes | vous avez écrémé | vous aviez écrémé |
| ils écrémèrent | ils ont écrémé | ils avaient écrémé |

| PAST ANTERIOR | FUTURE PERFECT |
|---|---|
| j'eus écrémé etc | j'aurai écrémé etc |

| IMPERATIVE | CONDITIONAL | |
|---|---|---|
| | PRESENT | PAST |
| écrème | j'écrémerais | j'aurais écrémé |
| écrémons | tu écrémerais | tu aurais écrémé |
| écrémez | il écrémerait | il aurait écrémé |
| | nous écrémerions | nous aurions écrémé |
| | vous écrémeriez | vous auriez écrémé |
| | ils écrémeraient | ils auraient écrémé |

| SUBJUNCTIVE | | |
|---|---|---|
| PRESENT | IMPERFECT | PERFECT |
| j'écrème | j'écrémasse | j'aie écrémé |
| tu écrèmes | tu écrémasses | tu aies écrémé |
| il écrème | il écrémât | il ait écrémé |
| nous écrémions | nous écrémassions | nous ayons écrémé |
| vous écrémiez | vous écrémassiez | vous ayez écrémé |
| ils écrèment | ils écrémassent | ils aient écrémé |

| INFINITIVE | PARTICIPLE |
|---|---|
| PRESENT | PRESENT |
| écrémer | écrémant |
| PAST | PAST |
| avoir écrémé | écrémé |

to write

| PRESENT | IMPERFECT | FUTURE |
|---|---|---|
| j'écris | j'écrivais | j'écrirai |
| tu écris | tu écrivais | tu écriras |
| il écrit | il écrivait | il écrira |
| nous écrivons | nous écrivions | nous écrirons |
| vous écrivez | vous écriviez | vous écrirez |
| ils écrivent | ils écrivaient | ils écriront |

| PAST HISTORIC | PERFECT | PLUPERFECT |
|---|---|---|
| j'écrivis | j'ai écrit | j'avais écrit |
| tu écrivis | tu as écrit | tu avais écrit |
| il écrivit | il a écrit | il avait écrit |
| nous écrivîmes | nous avons écrit | nous avions écrit |
| vous écrivîtes | vous avez écrit | vous aviez écrit |
| ils écrivirent | ils ont écrit | ils avaient écrit |

| PAST ANTERIOR | FUTURE PERFECT |
|---|---|
| j'eus écrit etc | j'aurai écrit etc |

| IMPERATIVE | CONDITIONAL | |
|---|---|---|
| | PRESENT | PAST |
| écris | j'écrirais | j'aurais écrit |
| écrivons | tu écrirais | tu aurais écrit |
| écrivez | il écrirait | il aurait écrit |
| | nous écririons | nous aurions écrit |
| | vous écririez | vous auriez écrit |
| | ils écriraient | ils auraient écrit |

## SUBJUNCTIVE

| PRESENT | IMPERFECT | PERFECT |
|---|---|---|
| j'écrive | j'écrivisse | j'aie écrit |
| tu écrives | tu écrivisses | tu aies écrit |
| il écrive | il écrivît | il ait écrit |
| nous écrivions | nous écrivissions | nous ayons écrit |
| vous écriviez | vous écrivissiez | vous ayez écrit |
| ils écrivent | ils écrivissent | ils aient écrit |

| INFINITIVE | PARTICIPLE |
|---|---|
| PRESENT | PRESENT |
| écrire | écrivant |
| PAST | PAST |
| avoir écrit | écrit |

# ELEVER
to raise

| PRESENT | IMPERFECT | FUTURE |
|---|---|---|
| j'élève | j'élevais | j'élèverai |
| tu élèves | tu élevais | tu élèveras |
| il élève | il élevait | il élèvera |
| nous élevons | nous élevions | nous élèverons |
| vous élevez | vous éleviez | vous élèverez |
| ils élèvent | ils élevaient | ils élèveront |

| PAST HISTORIC | PERFECT | PLUPERFECT |
|---|---|---|
| j'élevai | j'ai élevé | j'avais élevé |
| tu élevas | tu as élevé | tu avais élevé |
| il éleva | il a élevé | il avait élevé |
| nous élevâmes | nous avons élevé | nous avions élevé |
| vous élevâtes | vous avez élevé | vous aviez élevé |
| ils élevèrent | ils ont élevé | ils avaient élevé |

| PAST ANTERIOR | FUTURE PERFECT |
|---|---|
| j'eus élevé etc | j'aurai élevé etc |

| IMPERATIVE | CONDITIONAL | |
|---|---|---|
| | PRESENT | PAST |
| élève | j'élèverais | j'aurais élevé |
| élevons | tu élèverais | tu aurais élevé |
| élevez | il élèverait | il aurait élevé |
| | nous élèverions | nous aurions élevé |
| | vous élèveriez | vous auriez élevé |
| | ils élèveraient | ils auraient élevé |

## SUBJUNCTIVE

| PRESENT | IMPERFECT | PERFECT |
|---|---|---|
| j'élève | j'élevasse | j'aie élevé |
| tu élèves | tu élevasses | tu aies élevé |
| il élève | il élevât | il ait élevé |
| nous élevions | nous élevassions | nous ayons élevé |
| vous éleviez | vous élevassiez | vous ayez élevé |
| ils élèvent | ils élevassent | ils aient élevé |

| INFINITIVE | PARTICIPLE |
|---|---|
| PRESENT | PRESENT |
| élever | élevant |
| PAST | PAST |
| avoir élevé | élevé |

## EMOUVOIR
to move (emotionally)

| **PRESENT** | **IMPERFECT** | **FUTURE** |
|---|---|---|
| j'émeus | j'émouvais | j'émouvrai |
| tu émeus | tu émouvais | tu émouvras |
| il émeut | il émouvait | il émouvra |
| nous émouvons | nous émouvions | nous émouvrons |
| vous émouvez | vous émouviez | vous émouvrez |
| ils émeuvent | ils émouvaient | ils émouvront |

| **PAST HISTORIC** | **PERFECT** | **PLUPERFECT** |
|---|---|---|
| j'émus | j'ai ému | j'avais ému |
| tu émus | tu as ému | tu avais ému |
| il émut | il a ému | il avait ému |
| nous émûmes | nous avons ému | nous avions ému |
| vous émûtes | vous avez ému | vous aviez ému |
| ils émurent | ils ont ému | ils avaient ému |

| **PAST ANTERIOR** | **FUTURE PERFECT** |
|---|---|
| j'eus ému etc | j'aurai ému etc |

| *IMPERATIVE* | *CONDITIONAL* | |
|---|---|---|
| | **PRESENT** | **PAST** |
| émeus | j'émouvrais | j'aurais ému |
| émouvons | tu émouvrais | tu aurais ému |
| émouvez | il émouvrait | il aurait ému |
| | nous émouvrions | nous aurions ému |
| | vous émouvriez | vous auriez ému |
| | ils émouvraient | ils auraient ému |

## *SUBJUNCTIVE*

| **PRESENT** | **IMPERFECT** | **PERFECT** |
|---|---|---|
| j'émeuve | j'émusse | j'aie ému |
| tu émeuves | tu émusses | tu aies ému |
| il émeuve | il émût | il ait ému |
| nous émouvions | nous émussions | nous ayons ému |
| vous émouviez | vous émussiez | vous ayez ému |
| ils émeuvent | ils émussent | ils aient ému |

| *INFINITIVE* | *PARTICIPLE* |
|---|---|
| **PRESENT** | **PRESENT** |
| émouvoir | émouvant |
| **PAST** | **PAST** |
| avoir ému | ému |

**ENCLORE**
to enclose

| PRESENT | IMPERFECT | FUTURE |
|---|---|---|
| PRESENT | IMPERFECT | FUTURE |
|---|---|---|
| j'enclos | | j'enclorai |
| tu enclos | | tu encloras |
| il enclôt | | il enclora |
| nous enclosons | | nous enclorons |
| vous enclosez | | vous enclorez |
| ils enclosent | | ils encloront |

| PAST HISTORIC | PERFECT | PLUPERFECT |
|---|---|---|
| | j'ai enclos | j'avais enclos |
| | tu as enclos | tu avais enclos |
| | il a enclos | il avait enclos |
| | nous avons enclos | nous avions enclos |
| | vous avez enclos | vous aviez enclos |
| | ils ont enclos | ils avaient enclos |

| PAST ANTERIOR | FUTURE PERFECT |
|---|---|
| j'eus enclos etc | j'aurai enclos etc |

*IMPERATIVE*

*CONDITIONAL*

| | PRESENT | PAST |
|---|---|---|
| enclos | j'enclorais | j'aurais enclos |
| | tu enclorais | tu aurais enclos |
| | il enclorait | il aurait enclos |
| | nous enclorions | nous aurions enclos |
| | vous encloriez | vous auriez enclos |
| | ils encloraient | ils auraient enclos |

*SUBJUNCTIVE*

| PRESENT | IMPERFECT | PERFECT |
|---|---|---|
| j'enclose | | j'aie enclos |
| tu encloses | | tu aies enclos |
| il enclose | | il ait enclos |
| nous enclosions | | nous ayons enclos |
| vous enclosiez | | vous ayez enclos |
| ils enclosent | | ils aient enclos |

*INFINITIVE*

*PARTICIPLE*

| PRESENT | PRESENT |
|---|---|
| enclore | |
| PAST | PAST |
| avoir enclos | enclos |

| PRESENT | IMPERFECT | FUTURE |
|---|---|---|
| je m'endors | je m'endormais | je m'endormirai |
| tu t'endors | tu t'endormais | tu t'endormiras |
| il s'endort | il s'endormait | il s'endormira |
| nous nous endormons | nous nous endormions | nous nous endormirons |
| vous vous endormez | vous vous endormiez | vous vous endormirez |
| ils s'endorment | ils s'endormaient | ils s'endormiront |

| PAST HISTORIC | PERFECT | PLUPERFECT |
|---|---|---|
| je m'endormis | je me suis endormi | je m'étais endormi |
| tu t'endormis | tu t'es endormi | tu t'étais endormi |
| il s'endormit | il s'est endormi | il s'était endormi |
| nous nous endormîmes | nous ns. sommes endormis | nous ns. étions endormis |
| vous vous endormîtes | vous vs. êtes endormi(s) | vous vs. étiez endormi(s) |
| ils s'endormirent | ils se sont endormis | ils s'étaient endormis |

| PAST ANTERIOR | FUTURE PERFECT |
|---|---|
| je me fus endormi etc | je me serai endormi etc |

| *IMPERATIVE* | *CONDITIONAL* | |
|---|---|---|
| | **PRESENT** | **PAST** |
| endors-toi | je m'endormirais | je me serais endormi |
| endormons-nous | tu t'endormirais | tu te serais endormi |
| endormez-vous | il s'endormirait | il se serait endormi |
| | nous nous endormirions | nous ns. serions endormis |
| | vous vous endormiriez | vous vs. seriez endormi(s) |
| | ils s'endormiraient | ils se seraient endormis |

| *SUBJUNCTIVE* | | |
|---|---|---|
| **PRESENT** | **IMPERFECT** | **PERFECT** |
| je m'endorme | je m'endormisse | je me sois endormi |
| tu t'endormes | tu t'endormisses | tu te sois endormi |
| il s'endorme | il s'endormît | il se soit endormi |
| nous nous endormions | nous nous endormissions | nous ns. soyons endormis |
| vous vous endormiez | vous vous endormissiez | vous vs. soyez endormi(s) |
| ils s'endorment | ils s'endormissent | ils se soient endormis |

| *INFINITIVE* | *PARTICIPLE* |
|---|---|
| **PRESENT** | **PRESENT** |
| s'endormir | s'endormant |
| **PAST** | **PAST** |
| s'être endormi | endormi |

# S'ENFUIR
to flee

| PRESENT | IMPERFECT | FUTURE |
|---|---|---|
| je m'enfuis | je m'enfuyais | je m'enfuirai |
| tu t'enfuis | tu t'enfuyais | tu t'enfuiras |
| il s'enfuit | il s'enfuyait | il s'enfuira |
| nous nous enfuyons | nous nous enfuyions | nous nous enfuirons |
| vous vous enfuyez | vous vous enfuyiez | vous vous enfuirez |
| ils s'enfuient | ils s'enfuyaient | ils s'enfuiront |

| PAST HISTORIC | PERFECT | PLUPERFECT |
|---|---|---|
| je m'enfuis | je me suis enfui | je m'étais enfui |
| tu t'enfuis | tu t'es enfui | tu t'étais enfui |
| il s'enfuit | il s'est enfui | il s'était enfui |
| nous nous enfuîmes | nous nous sommes enfuis | nous nous étions enfuis |
| vous vous enfuîtes | vous vous êtes enfui(s) | vous vous étiez enfui(s) |
| ils s'enfuirent | ils se sont enfuis | ils s'étaient enfuis |

| PAST ANTERIOR | FUTURE PERFECT |
|---|---|
| je me fus enfui etc | je me serai enfui etc |

| IMPERATIVE | CONDITIONAL | |
|---|---|---|
| | PRESENT | PAST |
| enfuis-toi | je m'enfuirais | je me serais enfui |
| enfuyons-nous | tu t'enfuirais | tu te serais enfui |
| enfuyez-vous | il s'enfuirait | il se serait enfui |
| | nous nous enfuirions | nous nous serions enfuis |
| | vous vous enfuiriez | vous vous seriez enfui(s) |
| | ils s'enfuiraient | ils se seraient enfuis |

## SUBJUNCTIVE

| PRESENT | IMPERFECT | PERFECT |
|---|---|---|
| je m'enfuie | je m'enfuisse | je me sois enfui |
| tu t'enfuies | tu t'enfuisses | tu te sois enfui |
| il s'enfuie | il s'enfuît | il se soit enfui |
| nous nous enfuyions | nous nous enfuissions | nous nous soyons enfuis |
| vous vous enfuyiez | vous vous enfuissiez | vous vous soyez enfui(s) |
| ils s'enfuient | ils s'enfuissent | ils se soient enfuis |

| INFINITIVE | PARTICIPLE |
|---|---|
| PRESENT | PRESENT |
| s'enfuir | s'enfuyant |
| PAST | PAST |
| s'être enfui | enfui |

**to bother, to bore**

| PRESENT | IMPERFECT | FUTURE |
|---|---|---|
| j'ennuie | j'ennuyais | j'ennuierai |
| tu ennuies | tu ennuyais | tu ennuieras |
| il ennuie | il ennuyait | il ennuiera |
| nous ennuyons | nous ennuyions | nous ennuierons |
| vous ennuyez | vous ennuyiez | vous ennuierez |
| ils ennuient | ils ennuyaient | ils ennuieront |

| PAST HISTORIC | PERFECT | PLUPERFECT |
|---|---|---|
| j'ennuyai | j'ai ennuyé | j'avais ennuyé |
| tu ennuyas | tu as ennuyé | tu avais ennuyé |
| il ennuya | il a ennuyé | il avait ennuyé |
| nous ennuyâmes | nous avons ennuyé | nous avions ennuyé |
| vous ennuyâtes | vous avez ennuyé | vous aviez ennuyé |
| ils ennuyèrent | ils ont ennuyé | ils avaient ennuyé |

| PAST ANTERIOR | FUTURE PERFECT |
|---|---|
| j'eus ennuyé etc | j'aurai ennuyé etc |

| IMPERATIVE | CONDITIONAL | |
|---|---|---|
| | PRESENT | PAST |
| ennuie | j'ennuierais | j'aurais ennuyé |
| ennuyons | tu ennuierais | tu aurais ennuyé |
| ennuyez | il ennuierait | il aurait ennuyé |
| | nous ennuierions | nous aurions ennuyé |
| | vous ennuieriez | vous auriez ennuyé |
| | ils ennuieraient | ils auraient ennuyé |

| SUBJUNCTIVE | | |
|---|---|---|
| PRESENT | IMPERFECT | PERFECT |
| j'ennuie | j'ennuyasse | j'aie ennuyé |
| tu ennuies | tu ennuyasses | tu aies ennuyé |
| il ennuie | il ennuyât | il ait ennuyé |
| nous ennuyions | nous ennuyassions | nous ayons ennuyé |
| vous ennuyiez | vous ennuyassiez | vous ayez ennuyé |
| ils ennuient | ils ennuyassent | ils aient ennuyé |

| INFINITIVE | PARTICIPLE |
|---|---|
| PRESENT | PRESENT |
| ennuyer | ennuyant |
| PAST | PAST |
| avoir ennuyé | ennuyé |

# 79 S'ENSUIVRE
to ensue

| PRESENT | IMPERFECT | FUTURE |
|---|---|---|
| il s'ensuit | il s'ensuivait | il s'ensuivra |
| ils s'ensuivent | ils s'ensuivaient | ils s'ensuivront |

| PAST HISTORIC | PERFECT | PLUPERFECT |
|---|---|---|
| il s'ensuivit | il s'est ensuivi | il s'était ensuivi |
| ils s'ensuivirent | ils se sont ensuivis | ils s'étaient ensuivis |

| PAST ANTERIOR | FUTURE PERFECT |
|---|---|
| il se fut ensuivi etc | il se sera ensuivi etc |

| *IMPERATIVE* | *CONDITIONAL* | |
|---|---|---|
| | PRESENT | PAST |
| | il s'ensuivrait | il se serait ensuivi |
| | ils s'ensuivraient | ils se seraient ensuivis |

*SUBJUNCTIVE*

| PRESENT | IMPERFECT | PERFECT |
|---|---|---|
| il s'ensuive | il s'ensuivît | il se soit ensuivi |
| ils s'ensuivent | ils s'ensuivissent | ils se soient ensuivis |

| *INFINITIVE* | *PARTICIPLE* |
|---|---|
| PRESENT | PRESENT |
| s'ensuivre | |
| PAST | PAST |
| s'être ensuivi | ensuivi |

# ENTENDRE
to hear

**80**

### PRESENT

j'entends
tu entends
il entend
nous entendons
vous entendez
ils entendent

### PAST HISTORIC

j'entendis
tu entendis
il entendit
nous entendîmes
vous entendîtes
ils entendirent

### PAST ANTERIOR

j'eus entendu etc

### IMPERFECT

j'entendais
tu entendais
il entendait
nous entendions
vous entendiez
ils entendaient

### PERFECT

j'ai entendu
tu as entendu
il a entendu
nous avons entendu
vous avez entendu
ils ont entendu

### FUTURE PERFECT

j'aurai entendu etc

### FUTURE

j'entendrai
tu entendras
il entendra
nous entendrons
vous entendrez
ils entendront

### PLUPERFECT

j'avais entendu
tu avais entendu
il avait entendu
nous avions entendu
vous aviez entendu
ils avaient entendu

---

### IMPERATIVE

entends
entendons
entendez

### CONDITIONAL

#### PRESENT

j'entendrais
tu entendrais
il entendrait
nous entendrions
vous entendriez
ils entendraient

#### PAST

j'aurais entendu
tu aurais entendu
il aurait entendu
nous aurions entendu
vous auriez entendu
ils auraient entendu

---

### SUBJUNCTIVE

#### PRESENT

j'entende
tu entendes
il entende
nous entendions
vous entendiez
ils entendent

#### IMPERFECT

j'entendisse
tu entendisses
il entendît
nous entendissions
vous entendissiez
ils entendissent

#### PERFECT

j'aie entendu
tu aies entendu
il ait entendu
nous ayons entendu
vous ayez entendu
ils aient entendu

---

### INFINITIVE

#### PRESENT

entendre

#### PAST

avoir entendu

### PARTICIPLE

#### PRESENT

entendant

#### PAST

entendu

**81**    **ENTRER**
to enter

**PRESENT**
j'entre
tu entres
il entre
nous entrons
vous entrez
ils entrent

**IMPERFECT**
j'entrais
tu entrais
il entrait
nous entrions
vous entriez
ils entraient

**FUTURE**
j'entrerai
tu entreras
il entrera
nous entrerons
vous entrerez
ils entreront

**PAST HISTORIC**
j'entrai
tu entras
il entra
nous entrâmes
vous entrâtes
ils entrèrent

**PERFECT**
je suis entré
tu es entré
il est entré
nous sommes entrés
vous êtes entré(s)
ils sont entrés

**PLUPERFECT**
j'étais entré
tu étais entré
il était entré
nous étions entrés
vous étiez entré(s)
ils étaient entrés

**PAST ANTERIOR**
je fus entré etc

**FUTURE PERFECT**
je serai entré etc

*IMPERATIVE*

entre
entrons
entrez

*CONDITIONAL*
**PRESENT**
j'entrerais
tu entrerais
il entrerait
nous entrerions
vous entreriez
ils entreraient

**PAST**
je serais entré
tu serais entré
il serait entré
nous serions entrés
vous seriez entré(s)
ils seraient entrés

*SUBJUNCTIVE*
**PRESENT**
j'entre
tu entres
il entre
nous entrions
vous entriez
ils entrent

**IMPERFECT**
j'entrasse
tu entrasses
il entrât
nous entrassions
vous entrassiez
ils entrassent

**PERFECT**
je sois entré
tu sois entré
il soit entré
nous soyons entrés
vous soyez entré(s)
ils soient entrés

*INFINITIVE*
**PRESENT**
entrer
**PAST**
être entré

*PARTICIPLE*
**PRESENT**
entrant
**PAST**
entré

*NOTE*
*auxiliary* avoir when transitive

# ENVAHIR
## to invade

**82**

| PRESENT | IMPERFECT | FUTURE |
|---|---|---|
| j'envahis | j'envahissais | j'envahirai |
| tu envahis | tu envahissais | tu envahiras |
| il envahit | il envahissait | il envahira |
| nous envahissons | nous envahissions | nous envahirons |
| vous envahissez | vous envahissiez | vous envahirez |
| ils envahissent | ils envahissaient | ils envahiront |

| PAST HISTORIC | PERFECT | PLUPERFECT |
|---|---|---|
| j'envahis | j'ai envahi | j'avais envahi |
| tu envahis | tu as envahi | tu avais envahi |
| il envahit | il a envahi | il avait envahi |
| nous envahîmes | nous avons envahi | nous avions envahi |
| vous envahîtes | vous avez envahi | vous aviez envahi |
| ils envahirent | ils ont envahi | ils avaient envahi |

| PAST ANTERIOR | FUTURE PERFECT |
|---|---|
| j'eus envahi etc | j'aurai envahi etc |

| IMPERATIVE | CONDITIONAL | |
|---|---|---|
| | PRESENT | PAST |
| envahis | j'envahirais | j'aurais envahi |
| envahissons | tu envahirais | tu aurais envahi |
| envahissez | il envahirait | il aurait envahi |
| | nous envahirions | nous aurions envahi |
| | vous envahiriez | vous auriez envahi |
| | ils envahiraient | ils auraient envahi |

## SUBJUNCTIVE

| PRESENT | IMPERFECT | PERFECT |
|---|---|---|
| j'envahisse | j'envahisse | j'aie envahi |
| tu envahisses | tu envahisses | tu aies envahi |
| il envahisse | il envahît | il ait envahi |
| nous envahissions | nous envahissions | nous ayons envahi |
| vous envahissiez | vous envahissiez | vous ayez envahi |
| ils envahissent | ils envahissent | ils aient envahi |

| INFINITIVE | PARTICIPLE |
|---|---|
| PRESENT | PRESENT |
| envahir | envahissant |
| PAST | PAST |
| avoir envahi | envahi |

# 83 ENVOYER
to send

| **PRESENT** | **IMPERFECT** | **FUTURE** |
|---|---|---|
| j'envoie | j'envoyais | j'enverrai |
| tu envoies | tu envoyais | tu enverras |
| il envoie | il envoyait | il enverra |
| nous envoyons | nous envoyions | nous enverrons |
| vous envoyez | vous envoyiez | vous enverrez |
| ils envoient | ils envoyaient | ils enverront |

| **PAST HISTORIC** | **PERFECT** | **PLUPERFECT** |
|---|---|---|
| j'envoyai | j'ai envoyé | j'avais envoyé |
| tu envoyas | tu as envoyé | tu avais envoyé |
| il envoya | il a envoyé | il avait envoyé |
| nous envoyâmes | nous avons envoyé | nous avions envoyé |
| vous envoyâtes | vous avez envoyé | vous aviez envoyé |
| ils envoyèrent | ils ont envoyé | ils avaient envoyé |

| **PAST ANTERIOR** | **FUTURE PERFECT** |
|---|---|
| j'eus envoyé etc | j'aurai envoyé etc |

| *IMPERATIVE* | *CONDITIONAL* | |
|---|---|---|
| | **PRESENT** | **PAST** |
| envoie | j'enverrais | j'aurais envoyé |
| envoyons | tu enverrais | tu aurais envoyé |
| envoyez | il enverrait | il aurait envoyé |
| | nous enverrions | nous aurions envoyé |
| | vous enverriez | vous auriez envoyé |
| | ils enverraient | ils auraient envoyé |

## *SUBJUNCTIVE*

| **PRESENT** | **IMPERFECT** | **PERFECT** |
|---|---|---|
| j'envoie | j'envoyasse | j'aie envoyé |
| tu envoies | tu envoyasses | tu aies envoyé |
| il envoie | il envoyât | il ait envoyé |
| nous envoyions | nous envoyassions | nous ayons envoyé |
| vous envoyiez | vous envoyassiez | vous ayez envoyé |
| ils envoient | ils envoyassent | ils aient envoyé |

| *INFINITIVE* | *PARTICIPLE* |
|---|---|
| **PRESENT** | **PRESENT** |
| envoyer | envoyant |
| **PAST** | **PAST** |
| avoir envoyé | envoyé |

# ESPERER
to hope

| PRESENT | IMPERFECT | FUTURE |
|---------|-----------|--------|
| j'espère | j'espérais | j'espérerai |
| tu espères | tu espérais | tu espéreras |
| il espère | il espérait | il espérera |
| nous espérons | nous espérions | nous espérerons |
| vous espérez | vous espériez | vous espérerez |
| ils espèrent | ils espéraient | ils espéreront |

| PAST HISTORIC | PERFECT | PLUPERFECT |
|---------------|---------|------------|
| j'espérai | j'ai espéré | j'avais espéré |
| tu espéras | tu as espéré | tu avais espéré |
| il espéra | il a espéré | il avait espéré |
| nous espérâmes | nous avons espéré | nous avions espéré |
| vous espérâtes | vous avez espéré | vous aviez espéré |
| ils espérèrent | ils ont espéré | ils avaient espéré |

| PAST ANTERIOR | FUTURE PERFECT |
|---------------|----------------|
| j'eus espéré etc | j'aurai espéré etc |

| *IMPERATIVE* | *CONDITIONAL* | |
|--------------|---------------|---|
| | PRESENT | PAST |
| espère | j'espérerais | j'aurais espéré |
| espérons | tu espérerais | tu aurais espéré |
| espérez | il espérerait | il aurait espéré |
| | nous espérerions | nous aurions espéré |
| | vous espéreriez | vous auriez espéré |
| | ils espéreraient | ils auraient espéré |

| *SUBJUNCTIVE* | | |
|---------------|---|---|
| PRESENT | IMPERFECT | PERFECT |
| j'espère | j'espérasse | j'aie espéré |
| tu espères | tu espérasses | tu aies espéré |
| il espère | il espérât | il ait espéré |
| nous espérions | nous espérassions | nous ayons espéré |
| vous espériez | vous espérassiez | vous ayez espéré |
| ils espèrent | ils espérassent | ils aient espéré |

| *INFINITIVE* | *PARTICIPLE* |
|--------------|--------------|
| PRESENT | PRESENT |
| espérer | espérant |
| PAST | PAST |
| avoir espéré | espéré |

**ETRE**
to be

| PRESENT | IMPERFECT | FUTURE |
|---|---|---|
| je suis | j'étais | je serai |
| tu es | tu étais | tu seras |
| il est | il était | il sera |
| nous sommes | nous étions | nous serons |
| vous êtes | vous étiez | vous serez |
| ils sont | ils étaient | ils seront |

| PAST HISTORIC | PERFECT | PLUPERFECT |
|---|---|---|
| je fus | j'ai été | j'avais été |
| tu fus | tu as été | tu avais été |
| il fut | il a été | il avait été |
| nous fûmes | nous avons été | nous avions été |
| vous fûtes | vous avez été | vous aviez été |
| ils furent | ils ont été | ils avaient été |

| PAST ANTERIOR | FUTURE PERFECT |
|---|---|
| j'eus été etc | j'aurai été etc |

| IMPERATIVE | CONDITIONAL | |
|---|---|---|
| | PRESENT | PAST |
| sois | je serais | j'aurais été |
| soyons | tu serais | tu aurais été |
| soyez | il serait | il aurait été |
| | nous serions | nous aurions été |
| | vous seriez | vous auriez été |
| | ils seraient | ils auraient été |

| SUBJUNCTIVE | | |
|---|---|---|
| PRESENT | IMPERFECT | PERFECT |
| je sois | je fusse | j'aie été |
| tu sois | tu fusses | tu aies été |
| il soit | il fût | il ait été |
| nous soyons | nous fussions | nous ayons été |
| vous soyez | vous fussiez | vous ayez été |
| ils soient | ils fussent | ils aient été |

| INFINITIVE | PARTICIPLE |
|---|---|
| PRESENT | PRESENT |
| être | étant |
| PAST | PAST |
| avoir été | été |

# ETUDIER
to study

**PRESENT**

j'étudie
tu étudies
il étudie
nous étudions
vous étudiez
ils étudient

**IMPERFECT**

j'étudiais
tu étudiais
il étudiait
nous étudiions
vous étudiiez
ils étudiaient

**FUTURE**

j'étudierai
tu étudieras
il étudiera
nous étudierons
vous étudierez
ils étudieront

**PAST HISTORIC**

j'étudiai
tu étudias
il étudia
nous étudiâmes
vous étudiâtes
ils étudièrent

**PERFECT**

j'ai étudié
tu as étudié
il a étudié
nous avons étudié
vous avez étudié
ils ont étudié

**PLUPERFECT**

j'avais étudié
tu avais étudié
il avait étudié
nous avions étudié
vous aviez étudié
ils avaient étudié

**PAST ANTERIOR**

j'eus étudié etc

**FUTURE PERFECT**

j'aurai étudié etc

**IMPERATIVE**

étudie
étudions
étudiez

**CONDITIONAL**

**PRESENT**

j'étudierais
tu étudierais
il étudierait
nous étudierions
vous étudieriez
ils étudieraient

**PAST**

j'aurais étudié
tu aurais étudié
il aurait étudié
nous aurions étudié
vous auriez étudié
ils auraient étudié

**SUBJUNCTIVE**

**PRESENT**

j'étudie
tu étudies
il étudie
nous étudiions
vous étudiiez
ils étudient

**IMPERFECT**

j'étudiasse
tu étudiasses
il étudiât
nous étudiassions
vous étudiassiez
ils étudiassent

**PERFECT**

j'aie étudié
tu aies étudié
il ait étudié
nous ayons étudié
vous ayez étudié
ils aient étudié

**INFINITIVE**

**PRESENT**

étudier

**PAST**

avoir étudié

**PARTICIPLE**

**PRESENT**

étudiant

**PAST**

étudié

## S'ÉVANOUIR
### to faint

| PRESENT | IMPERFECT | FUTURE |
|---|---|---|
| je m'évanouis | je m'évanouissais | je m'évanouirai |
| tu t'évanouis | tu t'évanouissais | tu t'évanouiras |
| il s'évanouit | il s'évanouissait | il s'évanouira |
| nous nous évanouissons | nous nous évanouissions | nous nous évanouirons |
| vous vous évanouissez | vous vous évanouissiez | vous vous évanouirez |
| ils s'évanouissent | ils s'évanouissaient | ils s'évanouiront |

| PAST HISTORIC | PERFECT | PLUPERFECT |
|---|---|---|
| je m'évanouis | je me suis évanoui | je m'étais évanoui |
| tu t'évanouis | tu t'es évanoui | tu t'étais évanoui |
| il s'évanouit | il s'est évanoui | il s'était évanoui |
| nous nous évanouîmes | nous ns. sommes évanouis | nous nous étions évanouis |
| vous vous évanouîtes | vous vs. êtes évanoui(s) | vous vous étiez évanoui(s) |
| ils s'évanouirent | ils se sont évanouis | ils s'étaient évanouis |

| PAST ANTERIOR | FUTURE PERFECT |
|---|---|
| je me fus évanoui etc | je me serai évanoui etc |

| IMPERATIVE | CONDITIONAL | |
|---|---|---|
| | PRESENT | PAST |
| évanouis-toi | je m'évanouirais | je me serais évanoui |
| évanouissons-nous | tu t'évanouirais | tu te serais évanoui |
| évanouissez-vous | il s'évanouirait | il se serait évanoui |
| | nous nous évanouirions | nous nous serions évanouis |
| | vous vous évanouiriez | vous vous seriez évanoui(s) |
| | ils s'évanouiraient | ils se seraient évanouis |

| SUBJUNCTIVE | | |
|---|---|---|
| PRESENT | IMPERFECT | PERFECT |
| je m'évanouisse | je m'évanouisse | je me sois évanoui |
| tu t'évanouisses | tu t'évanouisses | tu te sois évanoui |
| il s'évanouisse | il s'évanouît | il se soit évanoui |
| nous nous évanouissions | nous nous évanouissions | nous nous soyons évanouis |
| vous vous évanouissiez | vous vous évanouissiez | vous vous soyez évanoui(s) |
| ils s'évanouissent | ils s'évanouissent | ils se soient évanouis |

| INFINITIVE | PARTICIPLE |
|---|---|
| PRESENT | PRESENT |
| s'évanouir | s'évanouissant |
| PAST | PAST |
| s'être évanoui | évanoui |

# EXECRER
to abhor

| **PRESENT** | **IMPERFECT** | **FUTURE** |
|---|---|---|
| j'exècre | j'exécrais | j'exécrerai |
| tu exècres | tu exécrais | tu exécreras |
| il exècre | il exécrait | il exécrera |
| nous exécrons | nous exécrions | nous exécrerons |
| vous exécrez | vous exécriez | vous exécrerez |
| ils exècrent | ils exécraient | ils exécreront |

| **PAST HISTORIC** | **PERFECT** | **PLUPERFECT** |
|---|---|---|
| j'exécrai | j'ai exécré | j'avais exécré |
| tu exécras | tu as exécré | tu avais exécré |
| il exécra | il a exécré | il avait exécré |
| nous exécrâmes | nous avons exécré | nous avions exécré |
| vous exécrâtes | vous avez exécré | vous aviez exécré |
| ils exécrèrent | ils ont exécré | ils avaient exécré |

| **PAST ANTERIOR** | **FUTURE PERFECT** |
|---|---|
| j'eus exécré etc | j'aurai exécré etc |

| *IMPERATIVE* | *CONDITIONAL* | |
|---|---|---|
| | **PRESENT** | **PAST** |
| exècre | j'exécrerais | j'aurais exécré |
| exécrons | tu exécrerais | tu aurais exécré |
| exécrez | il exécrerait | il aurait exécré |
| | nous exécrerions | nous aurions exécré |
| | vous exécreriez | vous auriez exécré |
| | ils exécreraient | ils auraient exécré |

| *SUBJUNCTIVE* | | |
|---|---|---|
| **PRESENT** | **IMPERFECT** | **PERFECT** |
| j'exècre | j'exécrasse | j'aie exécré |
| tu exècres | tu exécrasses | tu aies exécré |
| il exècre | il exécrât | il ait exécré |
| nous exécrions | nous exécrassions | nous ayons exécré |
| vous exécriez | vous exécrassiez | vous ayez exécré |
| ils exècrent | ils exécrassent | ils aient exécré |

| *INFINITIVE* | *PARTICIPLE* |
|---|---|
| **PRESENT** | **PRESENT** |
| exécrer | exécrant |
| **PAST** | **PAST** |
| avoir exécré | exécré |

# FAILLIR
to fail, to nearly (do something)

| PRESENT | IMPERFECT | FUTURE |
|---|---|---|
| | | je faillirai |
| | | tu failliras |
| | | il faillira |
| | | nous faillirons |
| | | vous faillirez |
| | | ils failliront |

| PAST HISTORIC | PERFECT | PLUPERFECT |
|---|---|---|
| je faillis | j'ai failli | j'avais failli |
| tu faillis | tu as failli | tu avais failli |
| il faillit | il a failli | il avait failli |
| nous faillîmes | nous avons failli | nous avions failli |
| vous faillîtes | vous avez failli | vous aviez failli |
| ils faillirent | ils ont failli | ils avaient failli |

| PAST ANTERIOR | FUTURE PERFECT |
|---|---|
| j'eus failli etc | j'aurai failli etc |

| IMPERATIVE | CONDITIONAL | |
|---|---|---|
| | PRESENT | PAST |
| | je faillirais | j'aurais failli |
| | tu faillirais | tu aurais failli |
| | il faillirait | il aurait failli |
| | nous faillirions | nous aurions failli |
| | vous failliriez | vous auriez failli |
| | ils failliraient | ils auraient failli |

| SUBJUNCTIVE | | |
|---|---|---|
| PRESENT | IMPERFECT | PERFECT |
| | | j'aie failli |
| | | tu aies failli |
| | | il ait failli |
| | | nous ayons failli |
| | | vous ayez failli |
| | | ils aient failli |

| INFINITIVE | PARTICIPLE | NOTE |
|---|---|---|
| PRESENT | PRESENT | j'ai failli = *I nearly fell;* |
| faillir | | *follows model of* FINIR |
| | | (92) *when it means 'to go* |
| PAST | PAST | *bankrupt'* |
| avoir failli | failli | |

# FAIRE
to do, to make

| **PRESENT** | **IMPERFECT** | **FUTURE** |
|---|---|---|
| je fais | je faisais | je ferai |
| tu fais | tu faisais | tu feras |
| il fait | il faisait | il fera |
| nous faisons | nous faisions | nous ferons |
| vous faites | vous faisiez | vous ferez |
| ils font | ils faisaient | ils feront |

| **PAST HISTORIC** | **PERFECT** | **PLUPERFECT** |
|---|---|---|
| je fis | j'ai fait | j'avais fait |
| tu fis | tu as fait | tu avais fait |
| il fit | il a fait | il avait fait |
| nous fîmes | nous avons fait | nous avions fait |
| vous fîtes | vous avez fait | vous aviez fait |
| ils firent | ils ont fait | ils avaient fait |

| **PAST ANTERIOR** | **FUTURE PERFECT** |
|---|---|
| j'eus fait etc | j'aurai fait etc |

| *IMPERATIVE* | *CONDITIONAL* | |
|---|---|---|
| | **PRESENT** | **PAST** |
| fais | je ferais | j'aurais fait |
| faisons | tu ferais | tu aurais fait |
| faites | il ferait | il aurait fait |
| | nous ferions | nous aurions fait |
| | vous feriez | vous auriez fait |
| | ils feraient | ils auraient fait |

## *SUBJUNCTIVE*

| **PRESENT** | **IMPERFECT** | **PERFECT** |
|---|---|---|
| je fasse | je fisse | j'aie fait |
| tu fasses | tu fisses | tu aies fait |
| il fasse | il fît | il ait fait |
| nous fassions | nous fissions | nous ayons fait |
| vous fassiez | vous fissiez | vous ayez fait |
| ils fassent | ils fissent | ils aient fait |

| *INFINITIVE* | *PARTICIPLE* |
|---|---|
| **PRESENT** | **PRESENT** |
| faire | faisant |
| **PAST** | **PAST** |
| avoir fait | fait |

# FALLOIR
to be necessary

| PRESENT | IMPERFECT | FUTURE |
|---|---|---|
| il faut | il fallait | il faudra |

| PAST HISTORIC | PERFECT | PLUPERFECT |
|---|---|---|
| il fallut | il a fallu | il avait fallu |

| PAST ANTERIOR | FUTURE PERFECT |
|---|---|
| il eut fallu | il aura fallu |

| *IMPERATIVE* | *CONDITIONAL* | |
|---|---|---|
| | PRESENT | PAST |
| | il faudrait | il aurait fallu |

| *SUBJUNCTIVE* | | |
|---|---|---|
| PRESENT | IMPERFECT | PERFECT |
| il faille | il fallût | il ait fallu |

| *INFINITIVE* | *PARTICIPLE* |
|---|---|
| PRESENT | PRESENT |
| falloir | |
| PAST | PAST |
| avoir fallu | fallu |

# FINIR
## to finish

| **PRESENT** | **IMPERFECT** | **FUTURE** |
|---|---|---|
| je finis | je finissais | je finirai |
| tu finis | tu finissais | tu finiras |
| il finit | il finissait | il finira |
| nous finissons | nous finissions | nous finirons |
| vous finissez | vous finissiez | vous finirez |
| ils finissent | ils finissaient | ils finiront |

| **PAST HISTORIC** | **PERFECT** | **PLUPERFECT** |
|---|---|---|
| je finis | j'ai fini | j'avais fini |
| tu finis | tu as fini | tu avais fini |
| il finit | il a fini | il avait fini |
| nous finîmes | nous avons fini | nous avions fini |
| vous finîtes | vous avez fini | vous aviez fini |
| ils finirent | ils ont fini | ils avaient fini |

| **PAST ANTERIOR** | **FUTURE PERFECT** |
|---|---|
| j'eus fini etc | j'aurai fini etc |

| *IMPERATIVE* | *CONDITIONAL* | |
|---|---|---|
| | **PRESENT** | **PAST** |
| finis | je finirais | j'aurais fini |
| finissons | tu finirais | tu aurais fini |
| finissez | il finirait | il aurait fini |
| | nous finirions | nous aurions fini |
| | vous finiriez | vous auriez fini |
| | ils finiraient | ils auraient fini |

## *SUBJUNCTIVE*

| **PRESENT** | **IMPERFECT** | **PERFECT** |
|---|---|---|
| je finisse | je finisse | j'aie fini |
| tu finisses | tu finisses | tu aies fini |
| il finisse | il finît | il ait fini |
| nous finissions | nous finissions | nous ayons fini |
| vous finissiez | vous finissiez | vous ayez fini |
| ils finissent | ils finissent | ils aient fini |

| *INFINITIVE* | *PARTICIPLE* |
|---|---|
| **PRESENT** | **PRESENT** |
| finir | finissant |
| **PAST** | **PAST** |
| avoir fini | fini |

# 93

## FOUILLER
to search

### PRESENT
je fouille
tu fouilles
il fouille
nous fouillons
vous fouillez
ils fouillent

### IMPERFECT
je fouillais
tu fouillais
il fouillait
nous fouillions
vous fouilliez
ils fouillaient

### FUTURE
je fouillerai
tu fouilleras
il fouillera
nous fouillerons
vous fouillerez
ils fouilleront

### PAST HISTORIC
je fouillai
tu fouillas
il fouilla
nous fouillâmes
vous fouillâtes
ils fouillèrent

### PERFECT
j'ai fouillé
tu as fouillé
il a fouillé
nous avons fouillé
vous avez fouillé
ils ont fouillé

### PLUPERFECT
j'avais fouillé
tu avais fouillé
il avait fouillé
nous avions fouillé
vous aviez fouillé
ils avaient fouillé

### PAST ANTERIOR
j'eus fouillé etc

### FUTURE PERFECT
j'aurai fouillé etc

### *IMPERATIVE*

fouille
fouillons
fouillez

### *CONDITIONAL*
### PRESENT
je fouillerais
tu fouillerais
il fouillerait
nous fouillerions
vous fouilleriez
ils fouilleraient

### PAST
j'aurais fouillé
tu aurais fouillé
il aurait fouillé
nous aurions fouillé
vous auriez fouillé
ils auraient fouillé

### *SUBJUNCTIVE*
### PRESENT
je fouille
tu fouilles
il fouille
nous fouillions
vous fouilliez
ils fouillent

### IMPERFECT
je fouillasse
tu fouillasses
il fouillât
nous fouillassions
vous fouillassiez
ils fouillassent

### PERFECT
j'aie fouillé
tu aies fouillé
il ait fouillé
nous ayons fouillé
vous ayez fouillé
ils aient fouillé

### *INFINITIVE*
### PRESENT
fouiller

### PAST
avoir fouillé

### *PARTICIPLE*
### PRESENT
fouillant

### PAST
fouillé

# FOUTRE
to put, to do (*colloquial*)

| PRESENT | IMPERFECT | FUTURE |
|---|---|---|
| je fous | je foutais | je foutrai |
| tu fous | tu foutais | tu foutras |
| il fout | il foutait | il foutra |
| nous foutons | nous foutions | nous foutrons |
| vous foutez | vous foutiez | vous foutrez |
| ils foutent | ils foutaient | ils foutront |

| PAST HISTORIC | PERFECT | PLUPERFECT |
|---|---|---|
| | j'ai foutu | j'avais foutu |
| | tu as foutu | tu avais foutu |
| | il a foutu | il avait foutu |
| | nous avons foutu | nous avions foutu |
| | vous avez foutu | vous aviez foutu |
| | ils ont foutu | ils avaient foutu |

| PAST ANTERIOR | FUTURE PERFECT |
|---|---|
| j'eus foutu etc | j'aurai foutu etc |

| IMPERATIVE | *CONDITIONAL* | |
|---|---|---|
| | **PRESENT** | **PAST** |
| fous | je foutrais | j'aurais foutu |
| foutons | tu foutrais | tu aurais foutu |
| foutez | il foutrait | il aurait foutu |
| | nous foutrions | nous aurions foutu |
| | vous foutriez | vous auriez foutu |
| | ils foutraient | ils auraient foutu |

## *SUBJUNCTIVE*

| PRESENT | IMPERFECT | PERFECT |
|---|---|---|
| je foute | | j'aie foutu |
| tu foutes | | tu aies foutu |
| il foute | | il ait foutu |
| nous foutions | | nous ayons foutu |
| vous foutiez | | vous ayez foutu |
| ils foutent | | ils aient foutu |

| *INFINITIVE* | *PARTICIPLE* |
|---|---|
| **PRESENT** | **PRESENT** |
| foutre | foutant |
| **PAST** | **PAST** |
| avoir foutu | foutu |

# FRIRE
to fry

| PRESENT | IMPERFECT | FUTURE |
|---|---|---|
| je fris | | |
| tu fris | | |
| il frit | | |

| PAST HISTORIC | PERFECT | PLUPERFECT |
|---|---|---|
| | j'ai frit | j'avais frit |
| | tu as frit | tu avais frit |
| | il a frit | il avait frit |
| | nous avons frit | nous avions frit |
| | vous avez frit | vous aviez frit |
| | ils ont frit | ils avaient frit |

| PAST ANTERIOR | FUTURE PERFECT | |
|---|---|---|
| j'eus frit etc | j'aurai frit etc | |

| IMPERATIVE | CONDITIONAL | |
|---|---|---|
| | PRESENT | PAST |
| fris | | j'aurais frit |
| | | tu aurais frit |
| | | il aurait frit |
| | | nous aurions frit |
| | | vous auriez frit |
| | | ils auraient frit |

| SUBJUNCTIVE | | |
|---|---|---|
| PRESENT | IMPERFECT | PERFECT |
| | | j'aie frit |
| | | tu aies frit |
| | | il ait frit |
| | | nous ayons frit |
| | | vous ayez frit |
| | | ils aient frit |

| INFINITIVE | PARTICIPLE | NOTE |
|---|---|---|
| PRESENT | PRESENT | |
| frire | | |
| PAST | PAST | |
| avoir frit | frit | |

# FUIR
to flee

| **PRESENT** | **IMPERFECT** | **FUTURE** |
|---|---|---|
| je fuis | je fuyais | je fuirai |
| tu fuis | tu fuyais | tu fuiras |
| il fuit | il fuyait | il fuira |
| nous fuyons | nous fuyions | nous fuirons |
| vous fuyez | vous fuyiez | vous fuirez |
| ils fuient | ils fuyaient | ils fuiront |

| **PAST HISTORIC** | **PERFECT** | **PLUPERFECT** |
|---|---|---|
| je fuis | j'ai fui | j'avais fui |
| tu fuis | tu as fui | tu avais fui |
| il fuit | il a fui | il avait fui |
| nous fuîmes | nous avons fui | nous avions fui |
| vous fuîtes | vous avez fui | vous aviez fui |
| ils fuirent | ils ont fui | ils avaient fui |

| **PAST ANTERIOR** | **FUTURE PERFECT** |
|---|---|
| j'eus fui etc | j'aurai fui etc |

| *IMPERATIVE* | *CONDITIONAL* | |
|---|---|---|
| | **PRESENT** | **PAST** |
| fuis | je fuirais | j'aurais fui |
| fuyons | tu fuirais | tu aurais fui |
| fuyez | il fuirait | il aurait fui |
| | nous fuirions | nous aurions fui |
| | vous fuiriez | vous auriez fui |
| | ils fuiraient | ils auraient fui |

| *SUBJUNCTIVE* | | |
|---|---|---|
| **PRESENT** | **IMPERFECT** | **PERFECT** |
| je fuie | je fuisse | j'aie fui |
| tu fuies | tu fuisses | tu aies fui |
| il fuie | il fuît | il ait fui |
| nous fuyions | nous fuissions | nous ayons fui |
| vous fuyiez | vous fuissiez | vous ayez fui |
| ils fuient | ils fuissent | ils aient fui |

| *INFINITIVE* | *PARTICIPLE* |
|---|---|
| **PRESENT** | **PRESENT** |
| fuir | fuyant |
| **PAST** | **PAST** |
| avoir fui | fui |

# GAGNER
to win

| PRESENT | IMPERFECT | FUTURE |
|---|---|---|
| je gagne | je gagnais | je gagnerai |
| tu gagnes | tu gagnais | tu gagneras |
| il gagne | il gagnait | il gagnera |
| nous gagnons | nous gagnions | nous gagnerons |
| vous gagnez | vous gagniez | vous gagnerez |
| ils gagnent | ils gagnaient | ils gagneront |

| PAST HISTORIC | PERFECT | PLUPERFECT |
|---|---|---|
| je gagnai | j'ai gagné | j'avais gagné |
| tu gagnas | tu as gagné | tu avais gagné |
| il gagna | il a gagné | il avait gagné |
| nous gagnâmes | nous avons gagné | nous avions gagné |
| vous gagnâtes | vous avez gagné | vous aviez gagné |
| ils gagnèrent | ils ont gagné | ils avaient gagné |

| PAST ANTERIOR | FUTURE PERFECT |
|---|---|
| j'eus gagné etc | j'aurai gagné etc |

| IMPERATIVE | CONDITIONAL | |
|---|---|---|
| | PRESENT | PAST |
| gagne | je gagnerais | j'aurais gagné |
| gagnons | tu gagnerais | tu aurais gagné |
| gagnez | il gagnerait | il aurait gagné |
| | nous gagnerions | nous aurions gagné |
| | vous gagneriez | vous auriez gagné |
| | ils gagneraient | ils auraient gagné |

## SUBJUNCTIVE

| PRESENT | IMPERFECT | PERFECT |
|---|---|---|
| je gagne | je gagnasse | j'aie gagné |
| tu gagnes | tu gagnasses | tu aies gagné |
| il gagne | il gagnât | il ait gagné |
| nous gagnions | nous gagnassions | nous ayons gagné |
| vous gagniez | vous gagnassiez | vous ayez gagné |
| ils gagnent | ils gagnassent | ils aient gagné |

| INFINITIVE | PARTICIPLE |
|---|---|
| PRESENT | PRESENT |
| gagner | gagnant |
| PAST | PAST |
| avoir gagné | gagné |

# GESIR
to be lying

| PRESENT | IMPERFECT | FUTURE |
|---|---|---|
| je gis | je gisais | |
| tu gis | tu gisais | |
| il gît | il gisait | |
| nous gisons | nous gisions | |
| vous gisez | vous gisiez | |
| ils gisent | ils gisaient | |

| PAST HISTORIC | PERFECT | PLUPERFECT |
|---|---|---|
| | | |

| PAST ANTERIOR | FUTURE PERFECT | |
|---|---|---|
| | | |

| *IMPERATIVE* | *CONDITIONAL* | |
|---|---|---|
| | PRESENT | PAST |
| | | |

| *SUBJUNCTIVE* | | |
|---|---|---|
| PRESENT | IMPERFECT | PERFECT |
| | | |

| *INFINITIVE* | *PARTICIPLE* | |
|---|---|---|
| PRESENT | PRESENT | |
| gésir | gisant | |
| PAST | PAST | |

## HAIR
to hate

| PRESENT | IMPERFECT | FUTURE |
|---|---|---|
| je hais | je haïssais | je haïrai |
| tu hais | tu haïssais | tu haïras |
| il hait | il haïssait | il haïra |
| nous haïssons | nous haïssions | nous haïrons |
| vous haïssez | vous haïssiez | vous haïrez |
| ils haïssent | ils haïssaient | ils haïront |

| PAST HISTORIC | PERFECT | PLUPERFECT |
|---|---|---|
| je haïs | j'ai haï | j'avais haï |
| tu haïs | tu as haï | tu avais haï |
| il haït | il a haï | il avait haï |
| nous haïmes | nous avons haï | nous avions haï |
| vous haïtes | vous avez haï | vous aviez haï |
| ils haïrent | ils ont haï | ils avaient haï |

| PAST ANTERIOR | FUTURE PERFECT |
|---|---|
| j'eus haï etc | j'aurai haï etc |

| IMPERATIVE | CONDITIONAL | |
|---|---|---|
| | PRESENT | PAST |
| hais | je haïrais | j'aurais haï |
| haïssons | tu haïrais | tu aurais haï |
| haïssez | il haïrait | il aurait haï |
| | nous haïrions | nous aurions haï |
| | vous haïriez | vous auriez haï |
| | ils haïraient | ils auraient haï |

## SUBJUNCTIVE

| PRESENT | IMPERFECT | PERFECT |
|---|---|---|
| je haïsse | je haïsse | j'aie haï |
| tu haïsses | tu haïsses | tu aies haï |
| il haïsse | il haït | il ait haï |
| nous haïssions | nous haïssions | nous ayons haï |
| vous haïssiez | vous haïssiez | vous ayez haï |
| ils haïssent | ils haïssent | ils aient haï |

| INFINITIVE | PARTICIPLE |
|---|---|
| PRESENT | PRESENT |
| haïr | haïssant |
| PAST | PAST |
| avoir haï | haï |

# HESITER
to hesitate

**100**

| PRESENT | IMPERFECT | FUTURE |
|---|---|---|
| j'hésite | j'hésitais | j'hésiterai |
| tu hésites | tu hésitais | tu hésiteras |
| il hésite | il hésitait | il hésitera |
| nous hésitons | nous hésitions | nous hésiterons |
| vous hésitez | vous hésitiez | vous hésiterez |
| ils hésitent | ils hésitaient | ils hésiteront |

| PAST HISTORIC | PERFECT | PLUPERFECT |
|---|---|---|
| j'hésitai | j'ai hésité | j'avais hésité |
| tu hésitas | tu as hésité | tu avais hésité |
| il hésita | il a hésité | il avait hésité |
| nous hésitâmes | nous avons hésité | nous avions hésité |
| vous hésitâtes | vous avez hésité | vous aviez hésité |
| ils hésitèrent | ils ont hésité | ils avaient hésité |

| PAST ANTERIOR | FUTURE PERFECT |
|---|---|
| j'eus hésité etc | j'aurai hésité etc |

| IMPERATIVE | CONDITIONAL | |
|---|---|---|
| | PRESENT | PAST |
| hésite | j'hésiterais | j'aurais hésité |
| hésitons | tu hésiterais | tu aurais hésité |
| hésitez | il hésiterait | il aurait hésité |
| | nous hésiterions | nous aurions hésité |
| | vous hésiteriez | vous auriez hésité |
| | ils hésiteraient | ils auraient hésité |

## SUBJUNCTIVE

| PRESENT | IMPERFECT | PERFECT |
|---|---|---|
| j'hésite | j'hésitasse | j'aie hésité |
| tu hésites | tu hésitasses | tu aies hésité |
| il hésite | il hésitât | il ait hésité |
| nous hésitions | nous hésitassions | nous ayons hésité |
| vous hésitiez | vous hésitassiez | vous ayez hésité |
| ils hésitent | ils hésitassent | ils aient hésité |

| INFINITIVE | PARTICIPLE |
|---|---|
| PRESENT | PRESENT |
| hésiter | hésitant |
| PAST | PAST |
| avoir hésité | hésité |

# HURLER
to yell

| PRESENT | IMPERFECT | FUTURE |
|---|---|---|
| je hurle | je hurlais | je hurlerai |
| tu hurles | tu hurlais | tu hurleras |
| il hurle | il hurlait | il hurlera |
| nous hurlons | nous hurlions | nous hurlerons |
| vous hurlez | vous hurliez | vous hurlerez |
| ils hurlent | ils hurlaient | ils hurleront |

| PAST HISTORIC | PERFECT | PLUPERFECT |
|---|---|---|
| je hurlai | j'ai hurlé | j'avais hurlé |
| tu hurlas | tu as hurlé | tu avais hurlé |
| il hurla | il a hurlé | il avait hurlé |
| nous hurlâmes | nous avons hurlé | nous avions hurlé |
| vous hurlâtes | vous avez hurlé | vous aviez hurlé |
| ils hurlèrent | ils ont hurlé | ils avaient hurlé |

| PAST ANTERIOR | FUTURE PERFECT |
|---|---|
| j'eus hurlé etc | j'aurai hurlé etc |

| *IMPERATIVE* | *CONDITIONAL* | |
|---|---|---|
| | PRESENT | PAST |
| hurle | je hurlerais | j'aurais hurlé |
| hurlons | tu hurlerais | tu aurais hurlé |
| hurlez | il hurlerait | il aurait hurlé |
| | nous hurlerions | nous aurions hurlé |
| | vous hurleriez | vous auriez hurlé |
| | ils hurleraient | ils auraient hurlé |

*SUBJUNCTIVE*

| PRESENT | IMPERFECT | PERFECT |
|---|---|---|
| je hurle | je hurlasse | j'aie hurlé |
| tu hurles | tu hurlasses | tu aies hurlé |
| il hurle | il hurlât | il ait hurlé |
| nous hurlions | nous hurlassions | nous ayons hurlé |
| vous hurliez | vous hurlassiez | vous ayez hurlé |
| ils hurlent | ils hurlassent | ils aient hurlé |

| *INFINITIVE* | *PARTICIPLE* |
|---|---|
| PRESENT | PRESENT |
| hurler | hurlant |
| PAST | PAST |
| avoir hurlé | hurlé |

# INCLURE
to include

| **PRESENT** | **IMPERFECT** | **FUTURE** |
|---|---|---|
| j'inclus | j'incluais | j'inclurai |
| tu inclus | tu incluais | tu incluras |
| il inclut | il incluait | il inclura |
| nous incluons | nous incluions | nous inclurons |
| vous incluez | vous incluiez | vous inclurez |
| ils incluent | ils incluaient | ils incluront |

| **PAST HISTORIC** | **PERFECT** | **PLUPERFECT** |
|---|---|---|
| j'inclus | j'ai inclus | j'avais inclus |
| tu inclus | tu as inclus | tu avais inclus |
| il inclut | il a inclus | il avait inclus |
| nous inclûmes | nous avons inclus | nous avions inclus |
| vous inclûtes | vous avez inclus | vous aviez inclus |
| ils inclurent | ils ont inclus | ils avaient inclus |

| **PAST ANTERIOR** | **FUTURE PERFECT** |
|---|---|
| j'eus inclus etc | j'aurai inclus etc |

| **IMPERATIVE** | **CONDITIONAL** | |
|---|---|---|
| | **PRESENT** | **PAST** |
| inclus | j'inclurais | j'aurais inclus |
| incluons | tu inclurais | tu aurais inclus |
| incluez | il inclurait | il aurait inclus |
| | nous inclurions | nous aurions inclus |
| | vous incluriez | vous auriez inclus |
| | ils incluraient | ils auraient inclus |

## SUBJUNCTIVE

| **PRESENT** | **IMPERFECT** | **PERFECT** |
|---|---|---|
| j'inclue | j'inclusse | j'aie inclus |
| tu inclues | tu inclusses | tu aies inclus |
| il inclue | il inclût | il ait inclus |
| nous incluions | nous inclussions | nous ayons inclus |
| vous incluiez | vous inclussiez | vous ayez inclus |
| ils incluent | ils inclussent | ils aient inclus |

| **INFINITIVE** | **PARTICIPLE** |
|---|---|
| **PRESENT** | **PRESENT** |
| inclure | incluant |
| **PAST** | **PAST** |
| avoir inclus | inclus |

# 103 INDIQUER
to indicate

| PRESENT | IMPERFECT | FUTURE |
|---|---|---|
| j'indique | j'indiquais | j'indiquerai |
| tu indiques | tu indiquais | tu indiqueras |
| il indique | il indiquait | il indiquera |
| nous indiquons | nous indiquions | nous indiquerons |
| vous indiquez | vous indiquiez | vous indiquerez |
| ils indiquent | ils indiquaient | ils indiqueront |

| PAST HISTORIC | PERFECT | PLUPERFECT |
|---|---|---|
| j'indiquai | j'ai indiqué | j'avais indiqué |
| tu indiquas | tu as indiqué | tu avais indiqué |
| il indiqua | il a indiqué | il avait indiqué |
| nous indiquâmes | nous avons indiqué | nous avions indiqué |
| vous indiquâtes | vous avez indiqué | vous aviez indiqué |
| ils indiquèrent | ils ont indiqué | ils avaient indiqué |

| PAST ANTERIOR | FUTURE PERFECT |
|---|---|
| j'eus indiqué etc | j'aurai indiqué etc |

| IMPERATIVE | CONDITIONAL | |
|---|---|---|
| | PRESENT | PAST |
| indique | j'indiquerais | j'aurais indiqué |
| indiquons | tu indiquerais | tu aurais indiqué |
| indiquez | il indiquerait | il aurait indiqué |
| | nous indiquerions | nous aurions indiqué |
| | vous indiqueriez | vous auriez indiqué |
| | ils indiqueraient | ils auraient indiqué |

## SUBJUNCTIVE

| PRESENT | IMPERFECT | PERFECT |
|---|---|---|
| j'indique | j'indiquasse | j'aie indiqué |
| tu indiques | tu indiquasses | tu aies indiqué |
| il indique | il indiquât | il ait indiqué |
| nous indiquions | nous indiquassions | nous ayons indiqué |
| vous indiquiez | vous indiquassiez | vous ayez indiqué |
| ils indiquent | ils indiquassent | ils aient indiqué |

| INFINITIVE | PARTICIPLE |
|---|---|
| PRESENT | PRESENT |
| indiquer | indiquant |
| PAST | PAST |
| avoir indiqué | indiqué |

## PRESENT

j'intègre
tu intègres
il intègre
nous intégrons
vous intégrez
ils intègrent

## IMPERFECT

j'intégrais
tu intégrais
il intégrait
nous intégrions
vous intégriez
ils intégraient

## FUTURE

j'intégrerai
tu intégreras
il intégrera
nous intégrerons
vous intégrerez
ils intégreront

## PAST HISTORIC

j'intégrai
tu intégras
il intégra
nous intégrâmes
vous intégrâtes
ils intégrèrent

## PERFECT

j'ai intégré
tu as intégré
il a intégré
nous avons intégré
vous avez intégré
ils ont intégré

## PLUPERFECT

j'avais intégré
tu avais intégré
il avait intégré
nous avions intégré
vous aviez intégré
ils avaient intégré

## PAST ANTERIOR

j'eus intégré etc

## FUTURE PERFECT

j'aurai intégré etc

## IMPERATIVE

intègre
intégrons
intégrez

## CONDITIONAL

### PRESENT

j'intégrerais
tu intégrerais
il intégrerait
nous intégrerions
vous intégreriez
ils intégreraient

### PAST

j'aurais intégré
tu aurais intégré
il aurait intégré
nous aurions intégré
vous auriez intégré
ils auraient intégré

## SUBJUNCTIVE

### PRESENT

j'intègre
tu intègres
il intègre
nous intégrions
vous intégriez
ils intègrent

### IMPERFECT

j'intégrasse
tu intégrasses
il intégrât
nous intégrassions
vous intégrassiez
ils intégrassent

### PERFECT

j'aie intégré
tu aies intégré
il ait intégré
nous ayons intégré
vous ayez intégré
ils aient intégré

## INFINITIVE

### PRESENT

intégrer

### PAST

avoir intégré

## PARTICIPLE

### PRESENT

intégrant

### PAST

intégré

# INTERDIRE
to forbid

| PRESENT | IMPERFECT | FUTURE |
|---|---|---|
| j'interdis | j'interdisais | j'interdirai |
| tu interdis | tu interdisais | tu interdiras |
| il interdit | il interdisait | il interdira |
| nous interdisons | nous interdisions | nous interdirons |
| vous interdisez | vous interdisiez | vous interdirez |
| ils interdisent | ils interdisaient | ils interdiront |

| PAST HISTORIC | PERFECT | PLUPERFECT |
|---|---|---|
| j'interdis | j'ai interdit | j'avais interdit |
| tu interdis | tu as interdit | tu avais interdit |
| il interdit | il a interdit | il avait interdit |
| nous interdîmes | nous avons interdit | nous avions interdit |
| vous interdîtes | vous avez interdit | vous aviez interdit |
| ils interdirent | ils ont interdit | ils avaient interdit |

| PAST ANTERIOR | FUTURE PERFECT |
|---|---|
| j'eus interdit etc | j'aurai interdit etc |

| IMPERATIVE | CONDITIONAL | |
|---|---|---|
| | PRESENT | PAST |
| interdis | j'interdirais | j'aurais interdit |
| interdisons | tu interdirais | tu aurais interdit |
| interdisez | il interdirait | il aurait interdit |
| | nous interdirions | nous aurions interdit |
| | vous interdiriez | vous auriez interdit |
| | ils interdiraient | ils auraient interdit |

| SUBJUNCTIVE | | |
|---|---|---|
| PRESENT | IMPERFECT | PERFECT |
| j'interdise | j'interdisse | j'aie interdit |
| tu interdises | tu interdisses | tu aies interdit |
| il interdise | il interdît | il ait interdit |
| nous interdisions | nous interdissions | nous ayons interdit |
| vous interdisiez | vous interdissiez | vous ayez interdit |
| ils interdisent | ils interdissent | ils aient interdit |

| INFINITIVE | PARTICIPLE | NOTE |
|---|---|---|
| PRESENT | PRESENT | |
| interdire | interdisant | |
| PAST | PAST | |
| avoir interdit | interdit | |

# INTERPELLER
to call out to

| PRESENT | IMPERFECT | FUTURE |
|---|---|---|
| j'interpelle | j'interpellais | j'interpellerai |
| tu interpelles | tu interpellais | tu interpelleras |
| il interpelle | il interpellait | il interpellera |
| nous interpellons | nous interpellions | nous interpellerons |
| vous interpellez | vous interpelliez | vous interpellerez |
| ils interpellent | ils interpellaient | ils interpelleront |

| PAST HISTORIC | PERFECT | PLUPERFECT |
|---|---|---|
| j'interpellai | j'ai interpellé | j'avais interpellé |
| tu interpellas | tu as interpellé | tu avais interpellé |
| il interpella | il a interpellé | il avait interpellé |
| nous interpellâmes | nous avons interpellé | nous avions interpellé |
| vous interpellâtes | vous avez interpellé | vous aviez interpellé |
| ils interpellèrent | ils ont interpellé | ils avaient interpellé |

| PAST ANTERIOR | FUTURE PERFECT | |
|---|---|---|
| j'eus interpellé etc | j'aurai interpellé etc | |

| IMPERATIVE | CONDITIONAL | |
|---|---|---|
| | PRESENT | PAST |
| interpelle | j'interpellerais | j'aurais interpellé |
| interpellons | tu interpellerais | tu aurais interpellé |
| interpellez | il interpellerait | il aurait interpellé |
| | nous interpellerions | nous aurions interpellé |
| | vous interpelleriez | vous auriez interpellé |
| | ils interpelleraient | ils auraient interpellé |

## SUBJUNCTIVE

| PRESENT | IMPERFECT | PERFECT |
|---|---|---|
| j'interpelle | j'interpellasse | j'aie interpellé |
| tu interpelles | tu interpellasses | tu aies interpellé |
| il interpelle | il interpellât | il ait interpellé |
| nous interpellions | nous interpellassions | nous ayons interpellé |
| vous interpelliez | vous interpellassiez | vous ayez interpellé |
| ils interpellent | ils interpellassent | ils aient interpellé |

| INFINITIVE | PARTICIPLE |
|---|---|
| PRESENT | PRESENT |
| interpeller | interpellant |
| PAST | PAST |
| avoir interpellé | interpellé |

# INTRODUIRE
to introduce

**PRESENT**

j'introduis
tu introduis
il introduit
nous introduisons
vous introduisez
ils introduisent

**IMPERFECT**

j'introduisais
tu introduisais
il introduisait
nous introduisions
vous introduisiez
ils introduisaient

**FUTURE**

j'introduirai
tu introduiras
il introduira
nous introduirons
vous introduirez
ils introduiront

**PAST HISTORIC**

j'introduisis
tu introduisis
il introduisit
nous introduisîmes
vous introduisîtes
ils introduisirent

**PERFECT**

j'ai introduit
tu as introduit
il a introduit
nous avons introduit
vous avez introduit
ils ont introduit

**PLUPERFECT**

j'avais introduit
tu avais introduit
il avait introduit
nous avions introduit
vous aviez introduit
ils avaient introduit

**PAST ANTERIOR**

j'eus introduit etc

**FUTURE PERFECT**

j'aurai introduit etc

**IMPERATIVE**

introduis
introduisons
introduisez

**CONDITIONAL**

**PRESENT**

j'introduirais
tu introduirais
il introduirait
nous introduirions
vous introduiriez
ils introduiraient

**PAST**

j'aurais introduit
tu aurais introduit
il aurait introduit
nous aurions introduit
vous auriez introduit
ils auraient introduit

**SUBJUNCTIVE**

**PRESENT**

j'introduise
tu introduises
il introduise
nous introduisions
vous introduisiez
ils introduisent

**IMPERFECT**

j'introduisisse
tu introduisisses
il introduisît
nous introduisissions
vous introduisissiez
ils introduisissent

**PERFECT**

j'aie introduit
tu aies introduit
il ait introduit
nous ayons introduit
vous ayez introduit
ils aient introduit

**INFINITIVE**

**PRESENT**

introduire

**PAST**

avoir introduit

**PARTICIPLE**

**PRESENT**

introduisant

**PAST**

introduit

# JETER
to throw (away)

| **PRESENT** | **IMPERFECT** | **FUTURE** |
|---|---|---|
| je jette | je jetais | je jetterai |
| tu jettes | tu jetais | tu jetteras |
| il jette | il jetait | il jettera |
| nous jetons | nous jetions | nous jetterons |
| vous jetez | vous jetiez | vous jetterez |
| ils jettent | ils jetaient | ils jetteront |

| **PAST HISTORIC** | **PERFECT** | **PLUPERFECT** |
|---|---|---|
| je jetai | j'ai jeté | j'avais jeté |
| tu jetas | tu as jeté | tu avais jeté |
| il jeta | il a jeté | il avait jeté |
| nous jetâmes | nous avons jeté | nous avions jeté |
| vous jetâtes | vous avez jeté | vous aviez jeté |
| ils jetèrent | ils ont jeté | ils avaient jeté |

| **PAST ANTERIOR** | **FUTURE PERFECT** |
|---|---|
| j'eus jeté etc | j'aurai jeté etc |

| **IMPERATIVE** | **CONDITIONAL** | |
|---|---|---|
| | **PRESENT** | **PAST** |
| jette | je jetterais | j'aurais jeté |
| jetons | tu jetterais | tu aurais jeté |
| jetez | il jetterait | il aurait jeté |
| | nous jetterions | nous aurions jeté |
| | vous jetteriez | vous auriez jeté |
| | ils jetteraient | ils auraient jeté |

## SUBJUNCTIVE

| **PRESENT** | **IMPERFECT** | **PERFECT** |
|---|---|---|
| je jette | je jetasse | j'aie jeté |
| tu jettes | tu jetasses | tu aies jeté |
| il jette | il jetât | il ait jeté |
| nous jetions | nous jetassions | nous ayons jeté |
| vous jetiez | vous jetassiez | vous ayez jeté |
| ils jettent | ils jetassent | ils aient jeté |

| **INFINITIVE** | **PARTICIPLE** |
|---|---|
| **PRESENT** | **PRESENT** |
| jeter | jetant |
| **PAST** | **PAST** |
| avoir jeté | jeté |

# JOINDRE
to join

| PRESENT | IMPERFECT | FUTURE |
|---|---|---|
| je joins | je joignais | je joindrai |
| tu joins | tu joignais | tu joindras |
| il joint | il joignait | il joindra |
| nous joignons | nous joignions | nous joindrons |
| vous joignez | vous joigniez | vous joindrez |
| ils joignent | ils joignaient | ils joindront |

| PAST HISTORIC | PERFECT | PLUPERFECT |
|---|---|---|
| je joignis | j'ai joint | j'avais joint |
| tu joignis | tu as joint | tu avais joint |
| il joignit | il a joint | il avait joint |
| nous joignîmes | nous avons joint | nous avions joint |
| vous joignîtes | vous avez joint | vous aviez joint |
| ils joignirent | ils ont joint | ils avaient joint |

| PAST ANTERIOR | FUTURE PERFECT |
|---|---|
| j'eus joint etc | j'aurai joint etc |

| IMPERATIVE | CONDITIONAL | |
|---|---|---|
| | PRESENT | PAST |
| joins | je joindrais | j'aurais joint |
| joignons | tu joindrais | tu aurais joint |
| joignez | il joindrait | il aurait joint |
| | nous joindrions | nous aurions joint |
| | vous joindriez | vous auriez joint |
| | ils joindraient | ils auraient joint |

## SUBJUNCTIVE

| PRESENT | IMPERFECT | PERFECT |
|---|---|---|
| je joigne | je joignisse | j'aie joint |
| tu joignes | tu joignisses | tu aies joint |
| il joigne | il joignît | il ait joint |
| nous joignions | nous joignissions | nous ayons joint |
| vous joigniez | vous joignissiez | vous ayez joint |
| ils joignent | ils joignissent | ils aient joint |

| INFINITIVE | PARTICIPLE | NOTE |
|---|---|---|
| PRESENT | PRESENT | oindre: *only infinitive and past participle are used* |
| joindre | joignant | |
| PAST | PAST | |
| avoir joint | joint | |

# JOUER
to play

**PRESENT**

je joue
tu joues
il joue
nous jouons
vous jouez
ils jouent

**IMPERFECT**

je jouais
tu jouais
il jouait
nous jouions
vous jouiez
ils jouaient

**FUTURE**

je jouerai
tu joueras
il jouera
nous jouerons
vous jouerez
ils joueront

**PAST HISTORIC**

je jouai
tu jouas
il joua
nous jouâmes
vous jouâtes
ils jouèrent

**PERFECT**

j'ai joué
tu as joué
il a joué
nous avons joué
vous avez joué
ils ont joué

**PLUPERFECT**

j'avais joué
tu avais joué
il avait joué
nous avions joué
vous aviez joué
ils avaient joué

**PAST ANTERIOR**

j'eus joué etc

**FUTURE PERFECT**

j'aurai joué etc

*IMPERATIVE*

joue
jouons
jouez

*CONDITIONAL*

**PRESENT**

je jouerais
tu jouerais
il jouerait
nous jouerions
vous joueriez
ils joueraient

**PAST**

j'aurais joué
tu aurais joué
il aurait joué
nous aurions joué
vous auriez joué
ils auraient joué

*SUBJUNCTIVE*

**PRESENT**

je joue
tu joues
il joue
nous jouions
vous jouiez
ils jouent

**IMPERFECT**

je jouasse
tu jouasses
il jouât
nous jouassions
vous jouassiez
ils jouassent

**PERFECT**

j'aie joué
tu aies joué
il ait joué
nous ayons joué
vous ayez joué
ils aient joué

*INFINITIVE*

**PRESENT**

jouer

**PAST**

avoir joué

*PARTICIPLE*

**PRESENT**

jouant

**PAST**

joué

# JUGER
to judge

| PRESENT | IMPERFECT | FUTURE |
|---|---|---|
| je juge | je jugeais | je jugerai |
| tu juges | tu jugeais | tu jugeras |
| il juge | il jugeait | il jugera |
| nous jugeons | nous jugions | nous jugerons |
| vous jugez | vous jugiez | vous jugerez |
| ils jugent | ils jugeaient | ils jugeront |

| PAST HISTORIC | PERFECT | PLUPERFECT |
|---|---|---|
| je jugeai | j'ai jugé | j'avais jugé |
| tu jugeas | tu as jugé | tu avais jugé |
| il jugea | il a jugé | il avait jugé |
| nous jugeâmes | nous avons jugé | nous avions jugé |
| vous jugeâtes | vous avez jugé | vous aviez jugé |
| ils jugèrent | ils ont jugé | ils avaient jugé |

| PAST ANTERIOR | FUTURE PERFECT |
|---|---|
| j'eus jugé etc | j'aurai jugé etc |

| IMPERATIVE | CONDITIONAL | |
|---|---|---|
| | PRESENT | PAST |
| juge | je jugerais | j'aurais jugé |
| jugeons | tu jugerais | tu aurais jugé |
| jugez | il jugerait | il aurait jugé |
| | nous jugerions | nous aurions jugé |
| | vous jugeriez | vous auriez jugé |
| | ils jugeraient | ils auraient jugé |

## SUBJUNCTIVE

| PRESENT | IMPERFECT | PERFECT |
|---|---|---|
| je juge | je jugeasse | j'aie jugé |
| tu juges | tu jugeasses | tu aies jugé |
| il juge | il jugeât | il ait jugé |
| nous jugions | nous jugeassions | nous ayons jugé |
| vous jugiez | vous jugeassiez | vous ayez jugé |
| ils jugent | ils jugeassent | ils aient jugé |

| INFINITIVE | PARTICIPLE |
|---|---|
| PRESENT | PRESENT |
| juger | jugeant |
| PAST | PAST |
| avoir jugé | jugé |

# LANCER
to throw

**112**

| PRESENT | IMPERFECT | FUTURE |
|---|---|---|
| je lance | je lançais | je lancerai |
| tu lances | tu lançais | tu lanceras |
| il lance | il lançait | il lancera |
| nous lançons | nous lancions | nous lancerons |
| vous lancez | vous lanciez | vous lancerez |
| ils lancent | ils lançaient | ils lanceront |

| PAST HISTORIC | PERFECT | PLUPERFECT |
|---|---|---|
| je lançai | j'ai lancé | j'avais lancé |
| tu lanças | tu as lancé | tu avais lancé |
| il lança | il a lancé | il avait lancé |
| nous lançâmes | nous avons lancé | nous avions lancé |
| vous lançâtes | vous avez lancé | vous aviez lancé |
| ils lancèrent | ils ont lancé | ils avaient lancé |

| PAST ANTERIOR | FUTURE PERFECT |
|---|---|
| j'eus lancé etc | j'aurai lancé etc |

| IMPERATIVE | CONDITIONAL | |
|---|---|---|
| | PRESENT | PAST |
| lance | je lancerais | j'aurais lancé |
| lançons | tu lancerais | tu aurais lancé |
| lancez | il lancerait | il aurait lancé |
| | nous lancerions | nous aurions lancé |
| | vous lanceriez | vous auriez lancé |
| | ils lanceraient | ils auraient lancé |

### SUBJUNCTIVE

| PRESENT | IMPERFECT | PERFECT |
|---|---|---|
| je lance | je lançasse | j'aie lancé |
| tu lances | tu lançasses | tu aies lancé |
| il lance | il lançât | il ait lancé |
| nous lancions | nous lançassions | nous ayons lancé |
| vous lanciez | vous lançassiez | vous ayez lancé |
| ils lancent | ils lançassent | ils aient lancé |

| INFINITIVE | PARTICIPLE |
|---|---|
| PRESENT | PRESENT |
| lancer | lançant |
| PAST | PAST |
| avoir lancé | lancé |

# LEGUER
## to bequeath

| PRESENT | IMPERFECT | FUTURE |
|---|---|---|
| je lègue | je léguais | je léguerai |
| tu lègues | tu léguais | tu légueras |
| il lègue | il léguait | il léguera |
| nous léguons | nous léguions | nous léguerons |
| vous léguez | vous léguiez | vous léguerez |
| ils lèguent | ils léguaient | ils légueront |

| PAST HISTORIC | PERFECT | PLUPERFECT |
|---|---|---|
| je léguai | j'ai légué | j'avais légué |
| tu légas | tu as légué | tu avais légué |
| il légua | il a légué | il avait légué |
| nous léguâmes | nous avons légué | nous avions légué |
| vous léguâtes | vous avez légué | vous aviez légué |
| ils léguèrent | ils ont légué | ils avaient légué |

| PAST ANTERIOR | FUTURE PERFECT |
|---|---|
| j'eus légué etc | j'aurai légué etc |

| IMPERATIVE | CONDITIONAL | |
|---|---|---|
| | PRESENT | PAST |
| lègue | je léguerais | j'aurais légué |
| léguons | tu léguerais | tu aurais légué |
| léguez | il léguerait | il aurait légué |
| | nous léguerions | nous aurions légué |
| | vous légueriez | vous auriez légué |
| | ils légueraient | ils auraient légué |

## SUBJUNCTIVE

| PRESENT | IMPERFECT | PERFECT |
|---|---|---|
| je lègue | je léguasse | j'aie légué |
| tu lègues | tu léguasses | tu aies légué |
| il lègue | il léguât | il ait légué |
| nous léguions | nous léguassions | nous ayons légué |
| vous léguiez | vous léguassiez | vous ayez légué |
| ils lèguent | ils léguassent | ils aient légué |

| INFINITIVE | PARTICIPLE |
|---|---|
| PRESENT | PRESENT |
| léguer | léguant |
| PAST | PAST |
| avoir légué | légué |

# LESER
to wrong

| PRESENT | IMPERFECT | FUTURE |
|---|---|---|
| je lèse | je lésais | je léserai |
| tu lèses | tu lésais | tu léseras |
| il lèse | il lésait | il lésera |
| nous lésons | nous lésions | nous léserons |
| vous lésez | vous lésiez | vous léserez |
| ils lèsent | ils lésaient | ils léseront |

| PAST HISTORIC | PERFECT | PLUPERFECT |
|---|---|---|
| je lésai | j'ai lésé | j'avais lésé |
| tu lésas | tu as lésé | tu avais lésé |
| il lésa | il a lésé | il avait lésé |
| nous lésâmes | nous avons lésé | nous avions lésé |
| vous lésâtes | vous avez lésé | vous aviez lésé |
| ils lésèrent | ils ont lésé | ils avaient lésé |

| PAST ANTERIOR | FUTURE PERFECT |
|---|---|
| j'eus lésé etc | j'aurai lésé etc |

| IMPERATIVE | CONDITIONAL | |
|---|---|---|
| | PRESENT | PAST |
| lèse | je léserais | j'aurais lésé |
| lésons | tu léserais | tu aurais lésé |
| lésez | il léserait | il aurait lésé |
| | nous léserions | nous aurions lésé |
| | vous léseriez | vous auriez lésé |
| | ils léseraient | ils auraient lésé |

## SUBJUNCTIVE

| PRESENT | IMPERFECT | PERFECT |
|---|---|---|
| je lèse | je lésasse | j'aie lésé |
| tu lèses | tu lésasses | tu aies lésé |
| il lèse | il lésât | il ait lésé |
| nous lésions | nous lésassions | nous ayons lésé |
| vous lésiez | vous lésassiez | vous ayez lésé |
| ils lèsent | ils lésassent | ils aient lésé |

| INFINITIVE | PARTICIPLE |
|---|---|
| PRESENT | PRESENT |
| léser | lésant |
| PAST | PAST |
| avoir lésé | lésé |

**LIRE**
to read

| PRESENT | IMPERFECT | FUTURE |
|---|---|---|
| je lis | je lisais | je lirai |
| tu lis | tu lisais | tu liras |
| il lit | il lisait | il lira |
| nous lisons | nous lisions | nous lirons |
| vous lisez | vous lisiez | vous lirez |
| ils lisent | ils lisaient | ils liront |

| PAST HISTORIC | PERFECT | PLUPERFECT |
|---|---|---|
| je lus | j'ai lu | j'avais lu |
| tu lus | tu as lu | tu avais lu |
| il lut | il a lu | il avait lu |
| nous lûmes | nous avons lu | nous avions lu |
| vous lûtes | vous avez lu | vous aviez lu |
| ils lurent | ils ont lu | ils avaient lu |

| PAST ANTERIOR | FUTURE PERFECT |
|---|---|
| j'eus lu etc | j'aurai lu etc |

| IMPERATIVE | CONDITIONAL | |
|---|---|---|
| | PRESENT | PAST |
| lis | je lirais | j'aurais lu |
| lisons | tu lirais | tu aurais lu |
| lisez | il lirait | il aurait lu |
| | nous lirions | nous aurions lu |
| | vous liriez | vous auriez lu |
| | ils liraient | ils auraient lu |

**SUBJUNCTIVE**

| PRESENT | IMPERFECT | PERFECT |
|---|---|---|
| je lise | je lusse | j'aie lu |
| tu lises | tu lusses | tu aies lu |
| il lise | il lût | il ait lu |
| nous lisions | nous lussions | nous ayons lu |
| vous lisiez | vous lussiez | vous ayez lu |
| ils lisent | ils lussent | ils aient lu |

| INFINITIVE | PARTICIPLE |
|---|---|
| PRESENT | PRESENT |
| lire | lisant |
| PAST | PAST |
| avoir lu | lu |

# MANGER
to eat

## PRESENT

je mange
tu manges
il mange
nous mangeons
vous mangez
ils mangent

## IMPERFECT

je mangeais
tu mangeais
il mangeait
nous mangions
vous mangiez
ils mangeaient

## FUTURE

je mangerai
tu mangeras
il mangera
nous mangerons
vous mangerez
ils mangeront

## PAST HISTORIC

je mangeai
tu mangeas
il mangea
nous mangeâmes
vous mangeâtes
ils mangèrent

## PERFECT

j'ai mangé
tu as mangé
il a mangé
nous avons mangé
vous avez mangé
ils ont mangé

## PLUPERFECT

j'avais mangé
tu avais mangé
il avait mangé
nous avions mangé
vous aviez mangé
ils avaient mangé

## PAST ANTERIOR

j'eus mangé etc

## FUTURE PERFECT

j'aurai mangé etc

## IMPERATIVE

mange
mangeons
mangez

## CONDITIONAL

### PRESENT

je mangerais
tu mangerais
il mangerait
nous mangerions
vous mangeriez
ils mangeraient

### PAST

j'aurais mangé
tu aurais mangé
il aurait mangé
nous aurions mangé
vous auriez mangé
ils auraient mangé

## SUBJUNCTIVE

### PRESENT

je mange
tu manges
il mange
nous mangions
vous mangiez
ils mangent

### IMPERFECT

je mangeasse
tu mangeasses
il mangeât
nous mangeassions
vous mangeassiez
ils mangeassent

### PERFECT

j'aie mangé
tu aies mangé
il ait mangé
nous ayons mangé
vous ayez mangé
ils aient mangé

## INFINITIVE

### PRESENT

manger

### PAST

avoir mangé

## PARTICIPLE

### PRESENT

mangeant

### PAST

mangé

## MAUDIRE
to curse

| PRESENT | IMPERFECT | FUTURE |
|---|---|---|
| je maudis | je maudissais | je maudirai |
| tu maudis | tu maudissais | tu maudiras |
| il maudit | il maudissait | il maudira |
| nous maudissons | nous maudissions | nous maudirons |
| vous maudissez | vous maudissiez | vous maudirez |
| ils maudissent | ils maudissaient | ils maudiront |

| PAST HISTORIC | PERFECT | PLUPERFECT |
|---|---|---|
| je maudis | j'ai maudit | j'avais maudit |
| tu maudis | tu as maudit | tu avais maudit |
| il maudit | il a maudit | il avait maudit |
| nous maudîmes | nous avons maudit | nous avions maudit |
| vous maudîtes | vous avez maudit | vous aviez maudit |
| ils maudirent | ils ont maudit | ils avaient maudit |

| PAST ANTERIOR | FUTURE PERFECT |
|---|---|
| j'eus maudit etc | j'aurai maudit etc |

| IMPERATIVE | CONDITIONAL | |
|---|---|---|
| | PRESENT | PAST |
| maudis | je maudirais | j'aurais maudit |
| maudissons | tu maudirais | tu aurais maudit |
| maudissez | il maudirait | il aurait maudit |
| | nous maudirions | nous aurions maudit |
| | vous maudiriez | vous auriez maudit |
| | ils maudiraient | ils auraient maudit |

## SUBJUNCTIVE

| PRESENT | IMPERFECT | PERFECT |
|---|---|---|
| je maudisse | je maudisse | j'aie maudit |
| tu maudisses | tu maudisses | tu aies maudit |
| il maudisse | il maudît | il ait maudit |
| nous maudissions | nous maudissions | nous ayons maudit |
| vous maudissiez | vous maudissiez | vous ayez maudit |
| ils maudissent | ils maudissent | ils aient maudit |

| INFINITIVE | PARTICIPLE |
|---|---|
| PRESENT | PRESENT |
| maudire | maudissant |
| PAST | PAST |
| avoir maudit | maudit |

# SE MEFIER
to be suspicious

| PRESENT | IMPERFECT | FUTURE |
|---|---|---|
| je me méfie | je me méfiais | je me méfierai |
| tu te méfies | tu te méfiais | tu te méfieras |
| il se méfie | il se méfiait | il se méfiera |
| nous nous méfions | nous nous méfiions | nous nous méfierons |
| vous vous méfiez | vous vous méfiiez | vous vous méfierez |
| ils se méfient | ils se méfiaient | ils se méfieront |

| PAST HISTORIC | PERFECT | PLUPERFECT |
|---|---|---|
| je me méfiai | je me suis méfié | je m'étais méfié |
| tu te méfias | tu t'es méfié | tu t'étais méfié |
| il se méfia | il s'est méfié | il s'était méfié |
| nous nous méfiâmes | nous ns. sommes méfiés | nous ns. étions méfiés |
| vous vous méfiâtes | vous vs. êtes méfié(s) | vous vs. étiez méfié(s) |
| ils se méfièrent | ils se sont méfiés | ils s'étaient méfiés |

| PAST ANTERIOR | FUTURE PERFECT |
|---|---|
| je me fus méfié etc | je me serai méfié etc |

| *IMPERATIVE* | *CONDITIONAL* | |
|---|---|---|
| | PRESENT | PAST |
| méfie-toi | je me méfierais | je me serais méfié |
| méfions-nous | tu te méfierais | tu te serais méfié |
| méfiez-vous | il se méfierait | il se serait méfié |
| | nous nous méfierions | nous ns. serions méfiés |
| | vous vous méfieriez | vous vs. seriez méfié(s) |
| | ils se méfieraient | ils se seraient méfiés |

## *SUBJUNCTIVE*

| PRESENT | IMPERFECT | PERFECT |
|---|---|---|
| je me méfie | je me méfiasse | je me sois méfié |
| tu te méfies | tu te méfiasses | tu te sois méfié |
| il se méfie | il se méfiât | il se soit méfié |
| nous nous méfiions | nous nous méfiassions | nous ns. soyons méfiés |
| vous vous méfiiez | vous vous méfiassiez | vous vs. soyez méfié(s) |
| ils se méfient | ils se méfiassent | ils se soient méfiés |

| *INFINITIVE* | *PARTICIPLE* |
|---|---|
| PRESENT | PRESENT |
| se méfier | se méfiant |
| PAST | PAST |
| s'être méfié | méfié |

# 119 MENER
## to lead

| PRESENT | IMPERFECT | FUTURE |
|---|---|---|
| je mène | je menais | je mènerai |
| tu mènes | tu menais | tu mèneras |
| il mène | il menait | il mènera |
| nous menons | nous menions | nous mènerons |
| vous menez | vous meniez | vous mènerez |
| ils mènent | ils menaient | ils mèneront |

| PAST HISTORIC | PERFECT | PLUPERFECT |
|---|---|---|
| je menai | j'ai mené | j'avais mené |
| tu menas | tu as mené | tu avais mené |
| il mena | il a mené | il avait mené |
| nous menâmes | nous avons mené | nous avions mené |
| vous menâtes | vous avez mené | vous aviez mené |
| ils menèrent | ils ont mené | ils avaient mené |

| PAST ANTERIOR | FUTURE PERFECT |
|---|---|
| j'eus mené etc | j'aurai mené etc |

| IMPERATIVE | CONDITIONAL | |
|---|---|---|
| | PRESENT | PAST |
| mène | je mènerais | j'aurais mené |
| menons | tu mènerais | tu aurais mené |
| menez | il mènerait | il aurait mené |
| | nous mènerions | nous aurions mené |
| | vous mèneriez | vous auriez mené |
| | ils mèneraient | ils auraient mené |

## SUBJUNCTIVE

| PRESENT | IMPERFECT | PERFECT |
|---|---|---|
| je mène | je menasse | j'aie mené |
| tu mènes | tu menasses | tu aies mené |
| il mène | il menât | il ait mené |
| nous menions | nous menassions | nous ayons mené |
| vous meniez | vous menassiez | vous ayez mené |
| ils mènent | ils menassent | ils aient mené |

| INFINITIVE | PARTICIPLE |
|---|---|
| PRESENT | PRESENT |
| mener | menant |
| PAST | PAST |
| avoir mené | mené |

# MENTIR
to lie

120

| PRESENT | IMPERFECT | FUTURE |
|---|---|---|
| je mens | je mentais | je mentirai |
| tu mens | tu mentais | tu mentiras |
| il ment | il mentait | il mentira |
| nous mentons | nous mentions | nous mentirons |
| vous mentez | vous mentiez | vous mentirez |
| ils mentent | ils mentaient | ils mentiront |

| PAST HISTORIC | PERFECT | PLUPERFECT |
|---|---|---|
| je mentis | j'ai menti | j'avais menti |
| tu mentis | tu as menti | tu avais menti |
| il mentit | il a menti | il avait menti |
| nous mentîmes | nous avons menti | nous avions menti |
| vous mentîtes | vous avez menti | vous aviez menti |
| ils mentirent | ils ont menti | ils avaient menti |

| PAST ANTERIOR | FUTURE PERFECT |
|---|---|
| j'eus menti etc | j'aurai menti etc |

| IMPERATIVE | CONDITIONAL | |
|---|---|---|
| | PRESENT | PAST |
| mens | je mentirais | j'aurais menti |
| mentons | tu mentirais | tu aurais menti |
| mentez | il mentirait | il aurait menti |
| | nous mentirions | nous aurions menti |
| | vous mentiriez | vous auriez menti |
| | ils mentiraient | ils auraient menti |

## SUBJUNCTIVE

| PRESENT | IMPERFECT | PERFECT |
|---|---|---|
| je mente | je mentisse | j'aie menti |
| tu mentes | tu mentisses | tu aies menti |
| il mente | il mentît | il ait menti |
| nous mentions | nous mentissions | nous ayons menti |
| vous mentiez | vous mentissiez | vous ayez menti |
| ils mentent | ils mentissent | ils aient menti |

| INFINITIVE | PARTICIPLE |
|---|---|
| PRESENT | PRESENT |
| mentir | mentant |
| PAST | PAST |
| avoir menti | menti |

**METTRE**
to put

| PRESENT | IMPERFECT | FUTURE |
|---|---|---|
| je mets | je mettais | je mettrai |
| tu mets | tu mettais | tu mettras |
| il met | il mettait | il mettra |
| nous mettons | nous mettions | nous mettrons |
| vous mettez | vous mettiez | vous mettrez |
| ils mettent | ils mettaient | ils mettront |

| PAST HISTORIC | PERFECT | PLUPERFECT |
|---|---|---|
| je mis | j'ai mis | j'avais mis |
| tu mis | tu as mis | tu avais mis |
| il mit | il a mis | il avait mis |
| nous mîmes | nous avons mis | nous avions mis |
| vous mîtes | vous avez mis | vous aviez mis |
| ils mirent | ils ont mis | ils avaient mis |

| PAST ANTERIOR | FUTURE PERFECT |
|---|---|
| j'eus mis etc | j'aurai mis etc |

| IMPERATIVE | CONDITIONAL | |
|---|---|---|
| | PRESENT | PAST |
| mets | je mettrais | j'aurais mis |
| mettons | tu mettrais | tu aurais mis |
| mettez | il mettrait | il aurait mis |
| | nous mettrions | nous aurions mis |
| | vous mettriez | vous auriez mis |
| | ils mettraient | ils auraient mis |

**SUBJUNCTIVE**

| PRESENT | IMPERFECT | PERFECT |
|---|---|---|
| je mette | je misse | j'aie mis |
| tu mettes | tu misses | tu aies mis |
| il mette | il mît | il ait mis |
| nous mettions | nous missions | nous ayons mis |
| vous mettiez | vous missiez | vous ayez mis |
| ils mettent | ils missent | ils aient mis |

| INFINITIVE | PARTICIPLE |
|---|---|
| PRESENT | PRESENT |
| mettre | mettant |
| PAST | PAST |
| avoir mis | mis |

# MONTER
to go up

| PRESENT | IMPERFECT | FUTURE |
|---|---|---|
| je monte | je montais | je monterai |
| tu montes | tu montais | tu monteras |
| il monte | il montait | il montera |
| nous montons | nous montions | nous monterons |
| vous montez | vous montiez | vous monterez |
| ils montent | ils montaient | ils monteront |

| PAST HISTORIC | PERFECT | PLUPERFECT |
|---|---|---|
| je montai | je suis monté | j'étais monté |
| tu montas | tu es monté | tu étais monté |
| il monta | il est monté | il était monté |
| nous montâmes | nous sommes montés | nous étions montés |
| vous montâtes | vous êtes monté(s) | vous étiez monté(s) |
| ils montèrent | ils sont montés | ils étaient montés |

| PAST ANTERIOR | FUTURE PERFECT |
|---|---|
| je fus monté etc | je serai monté etc |

| IMPERATIVE | CONDITIONAL | |
|---|---|---|
| | PRESENT | PAST |
| monte | je monterais | je serais monté |
| montons | tu monterais | tu serais monté |
| montez | il monterait | il serait monté |
| | nous monterions | nous serions montés |
| | vous monteriez | vous seriez monté(s) |
| | ils monteraient | ils seraient montés |

## SUBJUNCTIVE

| PRESENT | IMPERFECT | PERFECT |
|---|---|---|
| je monte | je montasse | je sois monté |
| tu montes | tu montasses | tu sois monté |
| il monte | il montât | il soit monté |
| nous montions | nous montassions | nous soyons montés |
| vous montiez | vous montassiez | vous soyez monté(s) |
| ils montent | ils montassent | ils soient montés |

| INFINITIVE | PARTICIPLE | NOTE |
|---|---|---|
| PRESENT | PRESENT | auxiliary avoir *when* |
| monter | montant | *transitive* |
| PAST | PAST | |
| être monté | monté | |

# 123    MORDRE
to bite

| PRESENT | IMPERFECT | FUTURE |
|---|---|---|
| je mords | je mordais | je mordrai |
| tu mords | tu mordais | tu mordras |
| il mord | il mordait | il mordra |
| nous mordons | nous mordions | nous mordrons |
| vous mordez | vous mordiez | vous mordrez |
| ils mordent | ils mordaient | ils mordront |

| PAST HISTORIC | PERFECT | PLUPERFECT |
|---|---|---|
| je mordis | j'ai mordu | j'avais mordu |
| tu mordis | tu as mordu | tu avais mordu |
| il mordit | il a mordu | il avait mordu |
| nous mordîmes | nous avons mordu | nous avions mordu |
| vous mordîtes | vous avez mordu | vous aviez mordu |
| ils mordirent | ils ont mordu | ils avaient mordu |

| PAST ANTERIOR | FUTURE PERFECT |
|---|---|
| j'eus mordu etc | j'aurai mordu etc |

| IMPERATIVE | CONDITIONAL | |
|---|---|---|
| | PRESENT | PAST |
| mords | je mordrais | j'aurais mordu |
| mordons | tu mordrais | tu aurais mordu |
| mordez | il mordrait | il aurait mordu |
| | nous mordrions | nous aurions mordu |
| | vous mordriez | vous auriez mordu |
| | ils mordraient | ils auraient mordu |

## SUBJUNCTIVE

| PRESENT | IMPERFECT | PERFECT |
|---|---|---|
| je morde | je mordisse | j'aie mordu |
| tu mordes | tu mordisses | tu aies mordu |
| il morde | il mordît | il ait mordu |
| nous mordions | nous mordissions | nous ayons mordu |
| vous mordiez | vous mordissiez | vous ayez mordu |
| ils mordent | ils mordissent | ils aient mordu |

| INFINITIVE | PARTICIPLE |
|---|---|
| PRESENT | PRESENT |
| mordre | mordant |
| PAST | PAST |
| avoir mordu | mordu |

# MOUDRE
to grind

| **PRESENT** | **IMPERFECT** | **FUTURE** |
|---|---|---|
| je mouds | je moulais | je moudrai |
| tu mouds | tu moulais | tu moudras |
| il moud | il moulait | il moudra |
| nous moulons | nous moulions | nous moudrons |
| vous moulez | vous mouliez | vous moudrez |
| ils moulent | ils moulaient | ils moudront |

| **PAST HISTORIC** | **PERFECT** | **PLUPERFECT** |
|---|---|---|
| je moulus | j'ai moulu | j'avais moulu |
| tu moulus | tu as moulu | tu avais moulu |
| il moulut | il a moulu | il avait moulu |
| nous moulûmes | nous avons moulu | nous avions moulu |
| vous moulûtes | vous avez moulu | vous aviez moulu |
| ils moulurent | ils ont moulu | ils avaient moulu |

| **PAST ANTERIOR** | **FUTURE PERFECT** |
|---|---|
| j'eus moulu etc | j'aurai moulu etc |

| **IMPERATIVE** | **CONDITIONAL** | |
|---|---|---|
| | **PRESENT** | **PAST** |
| mouds | je moudrais | j'aurais moulu |
| moulons | tu moudrais | tu aurais moulu |
| moulez | il moudrait | il aurait moulu |
| | nous moudrions | nous aurions moulu |
| | vous moudriez | vous auriez moulu |
| | ils moudraient | ils auraient moulu |

## SUBJUNCTIVE

| **PRESENT** | **IMPERFECT** | **PERFECT** |
|---|---|---|
| je moule | je moulusse | j'aie moulu |
| tu moules | tu moulusses | tu aies moulu |
| il moule | il moulût | il ait moulu |
| nous moulions | nous moulussions | nous ayons moulu |
| vous mouliez | vous moulussiez | vous ayez moulu |
| ils moulent | ils moulussent | ils aient moulu |

| **INFINITIVE** | **PARTICIPLE** |
|---|---|
| **PRESENT** | **PRESENT** |
| moudre | moulant |
| **PAST** | **PAST** |
| avoir moulu | moulu |

# 125 MOURIR
to die

| PRESENT | IMPERFECT | FUTURE |
|---|---|---|
| je meurs | je mourais | je mourrai |
| tu meurs | tu mourais | tu mourras |
| il meurt | il mourait | il mourra |
| nous mourons | nous mourions | nous mourrons |
| vous mourez | vous mouriez | vous mourrez |
| ils meurent | ils mouraient | ils mourront |

| PAST HISTORIC | PERFECT | PLUPERFECT |
|---|---|---|
| je mourus | je suis mort | j'étais mort |
| tu mourus | tu es mort | tu étais mort |
| il mourut | il est mort | il était mort |
| nous mourûmes | nous sommes morts | nous étions morts |
| vous mourûtes | vous êtes mort(s) | vous étiez mort(s) |
| ils moururent | ils sont morts | ils étaient morts |

| PAST ANTERIOR | FUTURE PERFECT |
|---|---|
| je fus mort etc | je serai mort etc |

| IMPERATIVE | CONDITIONAL | |
|---|---|---|
| | PRESENT | PAST |
| meurs | je mourrais | je serais mort |
| mourons | tu mourrais | tu serais mort |
| mourez | il mourrait | il serait mort |
| | nous mourrions | nous serions morts |
| | vous mourriez | vous seriez mort(s) |
| | ils mourraient | ils seraient morts |

## SUBJUNCTIVE

| PRESENT | IMPERFECT | PERFECT |
|---|---|---|
| je meure | je mourusse | je sois mort |
| tu meures | tu mourusses | tu sois mort |
| il meure | il mourût | il soit mort |
| nous mourions | nous mourussions | nous soyons morts |
| vous mouriez | vous mourussiez | vous soyez mort(s) |
| ils meurent | ils mourussent | ils soient morts |

| INFINITIVE | PARTICIPLE |
|---|---|
| PRESENT | PRESENT |
| mourir | mourant |
| PAST | PAST |
| être mort | mort |

# MOUVOIR
to move

| PRESENT | IMPERFECT | FUTURE |
|---|---|---|
| je meus | je mouvais | je mouvrai |
| tu meus | tu mouvais | tu mouvras |
| il meut | il mouvait | il mouvra |
| nous mouvons | nous mouvions | nous mouvrons |
| vous mouvez | vous mouviez | vous mouvrez |
| ils meuvent | ils mouvaient | ils mouvront |

| PAST HISTORIC | PERFECT | PLUPERFECT |
|---|---|---|
| je mus | j'ai mû | j'avais mû |
| tu mus | tu as mû | tu avais mû |
| il mut | il a mû | il avait mû |
| nous mûmes | nous avons mû | nous avions mû |
| vous mûtes | vous avez mû | vous aviez mû |
| ils murent | ils ont mû | ils avaient mû |

| PAST ANTERIOR | FUTURE PERFECT |
|---|---|
| j'eus mû etc | j'aurai mû etc |

| IMPERATIVE | CONDITIONAL | |
|---|---|---|
| | PRESENT | PAST |
| meus | je mouvrais | j'aurais mû |
| mouvons | tu mouvrais | tu aurais mû |
| mouvez | il mouvrait | il aurait mû |
| | nous mouvrions | nous aurions mû |
| | vous mouvriez | vous auriez mû |
| | ils mouvraient | ils auraient mû |

## SUBJUNCTIVE

| PRESENT | IMPERFECT | PERFECT |
|---|---|---|
| je meuve | je musse | j'aie mû |
| tu meuves | tu musses | tu aies mû |
| il meuve | il mût | il ait mû |
| nous mouvions | nous mussions | nous ayons mû |
| vous mouviez | vous mussiez | vous ayez mû |
| ils meuvent | ils mussent | ils aient mû |

| INFINITIVE | PARTICIPLE |
|---|---|
| PRESENT | PRESENT |
| mouvoir | mouvant |
| PAST | PAST |
| avoir mû | mû (mue, mus) |

## NAITRE
to be born

| PRESENT | IMPERFECT | FUTURE |
|---|---|---|
| je nais | je naissais | je naîtrai |
| tu nais | tu naissais | tu naîtras |
| il naît | il naissait | il naîtra |
| nous naissons | nous naissions | nous naîtrons |
| vous naissez | vous naissiez | vous naîtrez |
| ils naissent | ils naissaient | ils naîtront |

| PAST HISTORIC | PERFECT | PLUPERFECT |
|---|---|---|
| je naquis | je suis né | j'étais né |
| tu naquis | tu es né | tu étais né |
| il naquit | il est né | il était né |
| nous naquîmes | nous sommes nés | nous étions nés |
| vous naquîtes | vous êtes né(s) | vous étiez né(s) |
| ils naquirent | ils sont nés | ils étaient nés |

| PAST ANTERIOR | FUTURE PERFECT |
|---|---|
| je fus né etc | je serai né etc |

| IMPERATIVE | CONDITIONAL | |
|---|---|---|
| | PRESENT | PAST |
| nais | je naîtrais | je serais né |
| naissons | tu naîtrais | tu serais né |
| naissez | il naîtrait | il serait né |
| | nous naîtrions | nous serions nés |
| | vous naîtriez | vous seriez né(s) |
| | ils naîtraient | ils seraient nés |

### SUBJUNCTIVE

| PRESENT | IMPERFECT | PERFECT |
|---|---|---|
| je naisse | je naquisse | je sois né |
| tu naisses | tu naquisses | tu sois né |
| il naisse | il naquît | il soit né |
| nous naissions | nous naquissions | nous soyons nés |
| vous naissiez | vous naquissiez | vous soyez né(s) |
| ils naissent | ils naquissent | ils soient nés |

| INFINITIVE | PARTICIPLE |
|---|---|
| PRESENT | PRESENT |
| naître | naissant |
| PAST | PAST |
| être né | né |

# NARGUER
## to taunt

| PRESENT | IMPERFECT | FUTURE |
|---|---|---|
| je nargue | je narguais | je narguerai |
| tu nargues | tu narguais | tu nargueras |
| il nargue | il narguait | il narguera |
| nous narguons | nous narguions | nous narguerons |
| vous narguez | vous narguiez | vous narguerez |
| ils narguent | ils narguaient | ils nargueront |

| PAST HISTORIC | PERFECT | PLUPERFECT |
|---|---|---|
| je narguai | j'ai nargué | j'avais nargué |
| tu narguas | tu as nargué | tu avais nargué |
| il nargua | il a nargué | il avait nargué |
| nous narguâmes | nous avons nargué | nous avions nargué |
| vous narguâtes | vous avez nargué | vous aviez nargué |
| ils narguèrent | ils ont nargué | ils avaient nargué |

| PAST ANTERIOR | FUTURE PERFECT |
|---|---|
| j'eus nargué etc | j'aurai nargué etc |

| IMPERATIVE | CONDITIONAL | |
|---|---|---|
| | PRESENT | PAST |
| nargue | je narguerais | j'aurais nargué |
| narguons | tu narguerais | tu aurais nargué |
| narguez | il narguerait | il aurait nargué |
| | nous narguerions | nous aurions nargué |
| | vous nargueriez | vous auriez nargué |
| | ils nargueraient | ils auraient nargué |

| SUBJUNCTIVE | | |
|---|---|---|
| PRESENT | IMPERFECT | PERFECT |
| je nargue | je narguasse | j'aie nargué |
| tu nargues | tu narguasses | tu aies nargué |
| il nargue | il narguât | il ait nargué |
| nous narguions | nous narguassions | nous ayons nargué |
| vous narguiez | vous narguassiez | vous ayez nargué |
| ils narguent | ils narguassent | ils aient nargué |

| INFINITIVE | PARTICIPLE |
|---|---|
| PRESENT | PRESENT |
| narguer | narguant |
| PAST | PAST |
| avoir nargué | nargué |

# 129

## NETTOYER
to clean

| PRESENT | IMPERFECT | FUTURE |
|---|---|---|
| je nettoie | je nettoyais | je nettoierai |
| tu nettoies | tu nettoyais | tu nettoieras |
| il nettoie | il nettoyait | il nettoiera |
| nous nettoyons | nous nettoyions | nous nettoierons |
| vous nettoyez | vous nettoyiez | vous nettoierez |
| ils nettoient | ils nettoyaient | ils nettoieront |

| PAST HISTORIC | PERFECT | PLUPERFECT |
|---|---|---|
| je nettoyai | j'ai nettoyé | j'avais nettoyé |
| tu nettoyas | tu as nettoyé | tu avais nettoyé |
| il nettoya | il a nettoyé | il avait nettoyé |
| nous nettoyâmes | nous avons nettoyé | nous avions nettoyé |
| vous nettoyâtes | vous avez nettoyé | vous aviez nettoyé |
| ils nettoyèrent | ils ont nettoyé | ils avaient nettoyé |

| PAST ANTERIOR | FUTURE PERFECT |
|---|---|
| j'eus nettoyé etc | j'aurai nettoyé etc |

| IMPERATIVE | CONDITIONAL | |
|---|---|---|
| | PRESENT | PAST |
| nettoie | je nettoierais | j'aurais nettoyé |
| nettoyons | tu nettoierais | tu aurais nettoyé |
| nettoyez | il nettoierait | il aurait nettoyé |
| | nous nettoierions | nous aurions nettoyé |
| | vous nettoieriez | vous auriez nettoyé |
| | ils nettoieraient | ils auraient nettoyé |

### SUBJUNCTIVE

| PRESENT | IMPERFECT | PERFECT |
|---|---|---|
| je nettoie | je nettoyasse | j'aie nettoyé |
| tu nettoies | tu nettoyasses | tu aies nettoyé |
| il nettoie | il nettoyât | il ait nettoyé |
| nous nettoyions | nous nettoyassions | nous ayons nettoyé |
| vous nettoyiez | vous nettoyassiez | vous ayez nettoyé |
| ils nettoient | ils nettoyassent | ils aient nettoyé |

| INFINITIVE | PARTICIPLE |
|---|---|
| PRESENT | PRESENT |
| nettoyer | nettoyant |
| PAST | PAST |
| avoir nettoyé | nettoyé |

| PRESENT | IMPERFECT | FUTURE |
|---|---|---|
| je nuis | je nuisais | je nuirai |
| tu nuis | tu nuisais | tu nuiras |
| il nuit | il nuisait | il nuira |
| nous nuisons | nous nuisions | nous nuirons |
| vous nuisez | vous nuisiez | vous nuirez |
| ils nuisent | ils nuisaient | ils nuiront |

| PAST HISTORIC | PERFECT | PLUPERFECT |
|---|---|---|
| je nuisis | j'ai nui | j'avais nui |
| tu nuisis | tu as nui | tu avais nui |
| il nuisit | il a nui | il avait nui |
| nous nuisîmes | nous avons nui | nous avions nui |
| vous nuisîtes | vous avez nui | vous aviez nui |
| ils nuisirent | ils ont nui | ils avaient nui |

| PAST ANTERIOR | FUTURE PERFECT |
|---|---|
| j'eus nui etc | j'aurai nui etc |

| IMPERATIVE | CONDITIONAL | |
|---|---|---|
| | PRESENT | PAST |
| nuis | je nuirais | j'aurais nui |
| nuisons | tu nuirais | tu aurais nui |
| nuisez | il nuirait | il aurait nui |
| | nous nuirions | nous aurions nui |
| | vous nuiriez | vous auriez nui |
| | ils nuiraient | ils auraient nui |

| SUBJUNCTIVE | | |
|---|---|---|
| PRESENT | IMPERFECT | PERFECT |
| je nuise | je nuisisse | j'aie nui |
| tu nuises | tu nuisisses | tu aies nui |
| il nuise | il nuisît | il ait nui |
| nous nuisions | nous nuisissions | nous ayons nui |
| vous nuisiez | vous nuisissiez | vous ayez nui |
| ils nuisent | ils nuisissent | ils aient nui |

| INFINITIVE | PARTICIPLE |
|---|---|
| PRESENT | PRESENT |
| nuire | nuisant |
| PAST | PAST |
| avoir nui | nui |

## OBEIR
to obey

| PRESENT | IMPERFECT | FUTURE |
|---|---|---|
| j'obéis | j'obéissais | j'obéirai |
| tu obéis | tu obéissais | tu obéiras |
| il obéit | il obéissait | il obéira |
| nous obéissons | nous obéissions | nous obéirons |
| vous obéissez | vous obéissiez | vous obéirez |
| ils obéissent | ils obéissaient | ils obéiront |

| PAST HISTORIC | PERFECT | PLUPERFECT |
|---|---|---|
| j'obéis | j'ai obéi | j'avais obéi |
| tu obéis | tu as obéi | tu avais obéi |
| il obéit | il a obéi | il avait obéi |
| nous obéîmes | nous avons obéi | nous avions obéi |
| vous obéîtes | vous avez obéi | vous aviez obéi |
| ils obéirent | ils ont obéi | ils avaient obéi |

| PAST ANTERIOR | FUTURE PERFECT |
|---|---|
| j'eus obéi etc | j'aurai obéi etc |

| IMPERATIVE | CONDITIONAL | |
|---|---|---|
| | PRESENT | PAST |
| obéis | j'obéirais | j'aurais obéi |
| obéissons | tu obéirais | tu aurais obéi |
| obéissez | il obéirait | il aurait obéi |
| | nous obéirions | nous aurions obéi |
| | vous obéiriez | vous auriez obéi |
| | ils obéiraient | ils auraient obéi |

| SUBJUNCTIVE | | |
|---|---|---|
| PRESENT | IMPERFECT | PERFECT |
| j'obéisse | j'obéisse | j'aie obéi |
| tu obéisses | tu obéisses | tu aies obéi |
| il obéisse | il obéît | il ait obéi |
| nous obéissions | nous obéissions | nous ayons obéi |
| vous obéissiez | vous obéissiez | vous ayez obéi |
| ils obéissent | ils obéissent | ils aient obéi |

| INFINITIVE | PARTICIPLE |
|---|---|
| PRESENT | PRESENT |
| obéir | obéissant |
| PAST | PAST |
| avoir obéi | obéi |

# OBTENIR
to get

| PRESENT | IMPERFECT | FUTURE |
|---|---|---|
| j'obtiens | j'obtenais | j'obtiendrai |
| tu obtiens | tu obtenais | tu obtiendras |
| il obtient | il obtenait | il obtiendra |
| nous obtenons | nous obtenions | nous obtiendrons |
| vous obtenez | vous obteniez | vous obtiendrez |
| ils obtiennent | ils obtenaient | ils obtiendront |

| PAST HISTORIC | PERFECT | PLUPERFECT |
|---|---|---|
| j'obtins | j'ai obtenu | j'avais obtenu |
| tu obtins | tu as obtenu | tu avais obtenu |
| il obtint | il a obtenu | il avait obtenu |
| nous obtînmes | nous avons obtenu | nous avions obtenu |
| vous obtîntes | vous avez obtenu | vous aviez obtenu |
| ils obtinrent | ils ont obtenu | ils avaient obtenu |

| PAST ANTERIOR | FUTURE PERFECT |
|---|---|
| j'eus obtenu etc | j'aurai obtenu etc |

| IMPERATIVE | CONDITIONAL | |
|---|---|---|
| | PRESENT | PAST |
| obtiens | j'obtiendrais | j'aurais obtenu |
| obtenons | tu obtiendrais | tu aurais obtenu |
| obtenez | il obtiendrait | il aurait obtenu |
| | nous obtiendrions | nous aurions obtenu |
| | vous obtiendriez | vous auriez obtenu |
| | ils obtiendraient | ils auraient obtenu |

## SUBJUNCTIVE

| PRESENT | IMPERFECT | PERFECT |
|---|---|---|
| j'obtienne | j'obtinsse | j'aie obtenu |
| tu obtiennes | tu obtinsses | tu aies obtenu |
| il obtienne | il obtînt | il ait obtenu |
| nous obtenions | nous obtinssions | nous ayons obtenu |
| vous obteniez | vous obtinssiez | vous ayez obtenu |
| ils obtiennent | ils obtinssent | ils aient obtenu |

| INFINITIVE | PARTICIPLE |
|---|---|
| PRESENT | PRESENT |
| obtenir | obtenant |
| PAST | PAST |
| avoir obtenu | obtenu |

**OFFRIR**
to offer

| PRESENT | IMPERFECT | FUTURE |
|---|---|---|
| j'offre | j'offrais | j'offrirai |
| tu offres | tu offrais | tu offriras |
| il offre | il offrait | il offrira |
| nous offrons | nous offrions | nous offrirons |
| vous offrez | vous offriez | vous offrirez |
| ils offrent | ils offraient | ils offriront |

| PAST HISTORIC | PERFECT | PLUPERFECT |
|---|---|---|
| j'offris | j'ai offert | j'avais offert |
| tu offris | tu as offert | tu avais offert |
| il offrit | il a offert | il avait offert |
| nous offrîmes | nous avons offert | nous avions offert |
| vous offrîtes | vous avez offert | vous aviez offert |
| ils offrirent | ils ont offert | ils avaient offert |

| PAST ANTERIOR | FUTURE PERFECT |
|---|---|
| j'eus offert etc | j'aurai offert etc |

| IMPERATIVE | CONDITIONAL | |
|---|---|---|
| | PRESENT | PAST |
| offre | j'offrirais | j'aurais offert |
| offrons | tu offrirais | tu aurais offert |
| offrez | il offrirait | il aurait offert |
| | nous offririons | nous aurions offert |
| | vous offririez | vous auriez offert |
| | ils offriraient | ils auraient offert |

**SUBJUNCTIVE**

| PRESENT | IMPERFECT | PERFECT |
|---|---|---|
| j'offre | j'offrisse | j'aie offert |
| tu offres | tu offrisses | tu aies offert |
| il offre | il offrît | il ait offert |
| nous offrions | nous offrissions | nous ayons offert |
| vous offriez | vous offrissiez | vous ayez offert |
| ils offrent | ils offrissent | ils aient offert |

| INFINITIVE | PARTICIPLE |
|---|---|
| PRESENT | PRESENT |
| offrir | offrant |
| PAST | PAST |
| avoir offert | offert |

# OUVRIR
to open

| PRESENT | IMPERFECT | FUTURE |
|---|---|---|
| j'ouvre | j'ouvrais | j'ouvrirai |
| tu ouvres | tu ouvrais | tu ouvriras |
| il ouvre | il ouvrait | il ouvrira |
| nous ouvrons | nous ouvrions | nous ouvrirons |
| vous ouvrez | vous ouvriez | vous ouvrirez |
| ils ouvrent | ils ouvraient | ils ouvriront |

| PAST HISTORIC | PERFECT | PLUPERFECT |
|---|---|---|
| j'ouvris | j'ai ouvert | j'avais ouvert |
| tu ouvris | tu as ouvert | tu avais ouvert |
| il ouvrit | il a ouvert | il avait ouvert |
| nous ouvrîmes | nous avons ouvert | nous avions ouvert |
| vous ouvrîtes | vous avez ouvert | vous aviez ouvert |
| ils ouvrirent | ils ont ouvert | ils avaient ouvert |

| PAST ANTERIOR | FUTURE PERFECT |
|---|---|
| j'eus ouvert etc | j'aurai ouvert etc |

| IMPERATIVE | CONDITIONAL | |
|---|---|---|
| | PRESENT | PAST |
| ouvre | j'ouvrirais | j'aurais ouvert |
| ouvrons | tu ouvrirais | tu aurais ouvert |
| ouvrez | il ouvrirait | il aurait ouvert |
| | nous ouvririons | nous aurions ouvert |
| | vous ouvririez | vous auriez ouvert |
| | ils ouvriraient | ils auraient ouvert |

## SUBJUNCTIVE

| PRESENT | IMPERFECT | PERFECT |
|---|---|---|
| j'ouvre | j'ouvrisse | j'aie ouvert |
| tu ouvres | tu ouvrisses | tu aies ouvert |
| il ouvre | il ouvrît | il ait ouvert |
| nous ouvrions | nous ouvrissions | nous ayons ouvert |
| vous ouvriez | vous ouvrissiez | vous ayez ouvert |
| ils ouvrent | ils ouvrissent | ils aient ouvert |

| INFINITIVE | PARTICIPLE |
|---|---|
| PRESENT | PRESENT |
| ouvrir | ouvrant |
| PAST | PAST |
| avoir ouvert | ouvert |

# 135

## PAITRE
to graze

| PRESENT | IMPERFECT | FUTURE |
|---|---|---|
| je pais | je paissais | je paîtrai |
| tu pais | tu paissais | tu paîtras |
| il paît | il paissait | il paîtra |
| nous paissons | nous paissions | nous paîtrons |
| vous paissez | vous paissiez | vous paîtrez |
| ils paissent | ils paissaient | ils paîtront |

| PAST HISTORIC | PERFECT | PLUPERFECT |
|---|---|---|

| PAST ANTERIOR | FUTURE PERFECT |
|---|---|

| IMPERATIVE | CONDITIONAL | |
|---|---|---|
| | PRESENT | PAST |
| pais | je paîtrais | |
| paissons | tu paîtrais | |
| paissez | il paîtrait | |
| | nous paîtrions | |
| | vous paîtriez | |
| | ils paîtraient | |

## SUBJUNCTIVE

| PRESENT | IMPERFECT | PERFECT |
|---|---|---|
| je paisse | | |
| tu paisses | | |
| il paisse | | |
| nous paissions | | |
| vous paissiez | | |
| ils paissent | | |

| INFINITIVE | PARTICIPLE |
|---|---|
| PRESENT | PRESENT |
| paître | paissant |
| PAST | PAST |
| | pu |

to appear

| PRESENT | IMPERFECT | FUTURE |
|---|---|---|
| je parais | je paraissais | je paraîtrai |
| tu parais | tu paraissais | tu paraîtras |
| il paraît | il paraissait | il paraîtra |
| nous paraissons | nous paraissions | nous paraîtrons |
| vous paraissez | vous paraissiez | vous paraîtrez |
| ils paraissent | ils paraissaient | ils paraîtront |

| PAST HISTORIC | PERFECT | PLUPERFECT |
|---|---|---|
| je parus | j'ai paru | j'avais paru |
| tu parus | tu as paru | tu avais paru |
| il parut | il a paru | il avait paru |
| nous parûmes | nous avons paru | nous avions paru |
| vous parûtes | vous avez paru | vous aviez paru |
| ils parurent | ils ont paru | ils avaient paru |

| PAST ANTERIOR | FUTURE PERFECT |
|---|---|
| j'eus paru etc | j'aurai paru etc |

| IMPERATIVE | CONDITIONAL | |
|---|---|---|
| | PRESENT | PAST |
| parais | je paraîtrais | j'aurais paru |
| paraissons | tu paraîtrais | tu aurais paru |
| paraissez | il paraîtrait | il aurait paru |
| | nous paraîtrions | nous aurions paru |
| | vous paraîtriez | vous auriez paru |
| | ils paraîtraient | ils auraient paru |

## SUBJUNCTIVE

| PRESENT | IMPERFECT | PERFECT |
|---|---|---|
| je paraisse | je parusse | j'aie paru |
| tu paraisses | tu parusses | tu aies paru |
| il paraisse | il parût | il ait paru |
| nous paraissions | nous parussions | nous ayons paru |
| vous paraissiez | vous parussiez | vous ayez paru |
| ils paraissent | ils parussent | ils aient paru |

| INFINITIVE | PARTICIPLE | NOTE |
|---|---|---|
| PRESENT | PRESENT | *takes auxiliary* être *when* |
| paraître | paraissant | *it means 'to be published'* |
| | | apparaître: *can also take* |
| PAST | PAST | *auxiliary* être |
| avoir paru | paru | |

# 137 PARTIR
to go away

| PRESENT | IMPERFECT | FUTURE |
|---|---|---|
| je pars | je partais | je partirai |
| tu pars | tu partais | tu partiras |
| il part | il partait | il partira |
| nous partons | nous partions | nous partirons |
| vous partez | vous partiez | vous partirez |
| ils partent | ils partaient | ils partiront |

| PAST HISTORIC | PERFECT | PLUPERFECT |
|---|---|---|
| je partis | je suis parti | j'étais parti |
| tu partis | tu es parti | tu étais parti |
| il partit | il est parti | il était parti |
| nous partîmes | nous sommes partis | nous étions partis |
| vous partîtes | vous êtes parti(s) | vous étiez parti(s) |
| ils partirent | ils sont partis | ils étaient partis |

| PAST ANTERIOR | FUTURE PERFECT |
|---|---|
| je fus parti etc | je serai parti etc |

| IMPERATIVE | CONDITIONAL | |
|---|---|---|
| | PRESENT | PAST |
| pars | je partirais | je serais parti |
| partons | tu partirais | tu serais parti |
| partez | il partirait | il serait parti |
| | nous partirions | nous serions partis |
| | vous partiriez | vous seriez parti(s) |
| | ils partiraient | ils seraient partis |

## SUBJUNCTIVE

| PRESENT | IMPERFECT | PERFECT |
|---|---|---|
| je parte | je partisse | je sois parti |
| tu partes | tu partisses | tu sois parti |
| il parte | il partît | il soit parti |
| nous partions | nous partissions | nous soyons partis |
| vous partiez | vous partissiez | vous soyez parti(s) |
| ils partent | ils partissent | ils soient partis |

| INFINITIVE | PARTICIPLE | NOTE |
|---|---|---|
| PRESENT | PRESENT | repartir: takes auxiliary avoir when it means 'to reply' |
| partir | partant | |
| PAST | PAST | |
| être parti | parti | |

## PARVENIR
to reach

| PRESENT | IMPERFECT | FUTURE |
|---|---|---|
| je parviens | je parvenais | je parviendrai |
| tu parviens78 | tu parvenais | tu parviendras |
| il parvient | il parvenait | il parviendra |
| nous parvenons | nous parvenions | nous parviendrons |
| vous parvenez | vous parveniez | vous parviendrez |
| ils parviennent | ils parvenaient | ils parviendront |

| PAST HISTORIC | PERFECT | PLUPERFECT |
|---|---|---|
| je parvins | je suis parvenu | j'étais parvenu |
| tu parvins | tu es parvenu | tu étais parvenu |
| il parvint | il est parvenu | il était parvenu |
| nous parvînmes | nous sommes parvenus | nous étions parvenus |
| vous parvîntes | vous êtes parvenu(s) | vous étiez parvenu(s) |
| ils parvinrent | ils sont parvenus | ils étaient parvenus |

| PAST ANTERIOR | FUTURE PERFECT |
|---|---|
| je fus parvenu etc | je serai parvenu etc |

| IMPERATIVE | CONDITIONAL | |
|---|---|---|
| | PRESENT | PAST |
| parviens | je parviendrais | je serais parvenu |
| parvenons | tu parviendrais | tu serais parvenu |
| parvenez | il parviendrait | il serait parvenu |
| | nous parviendrions | nous serions parvenus |
| | vous parviendriez | vous seriez parvenu(s) |
| | ils parviendraient | ils seraient parvenus |

## SUBJUNCTIVE

| PRESENT | IMPERFECT | PERFECT |
|---|---|---|
| je parvienne | je parvinsse | je sois parvenu |
| tu parviennes | tu parvinsses | tu sois parvenu |
| il parvienne | il parvînt | il soit parvenu |
| nous parvenions | nous parvinssions | nous soyons parvenus |
| vous parveniez | vous parvinssiez | vous soyez parvenu(s) |
| ils parviennent | ils parvinssent | ils soient parvenus |

| INFINITIVE | PARTICIPLE |
|---|---|
| PRESENT | PRESENT |
| parvenir | parvenant |
| PAST | PAST |
| être parvenu | parvenu |

**PASSER**
to pass

| PRESENT | IMPERFECT | FUTURE |
|---|---|---|
| je passe | je passais | je passerai |
| tu passes | tu passais | tu passeras |
| il passe | il passait | il passera |
| nous passons | nous passions | nous passerons |
| vous passez | vous passiez | vous passerez |
| ils passent | ils passaient | ils passeront |

| PAST HISTORIC | PERFECT | PLUPERFECT |
|---|---|---|
| je passai | j'ai passé | j'avais passé |
| tu passas | tu as passé | tu avais passé |
| il passa | il a passé | il avait passé |
| nous passâmes | nous avons passé | nous avions passé |
| vous passâtes | vous avez passé | vous aviez passé |
| ils passèrent | ils ont passé | ils avaient passé |

| PAST ANTERIOR | FUTURE PERFECT |
|---|---|
| j'eus passé etc | j'aurai passé etc |

| IMPERATIVE | CONDITIONAL | |
|---|---|---|
| | PRESENT | PAST |
| passe | je passerais | j'aurais passé |
| passons | tu passerais | tu aurais passé |
| passez | il passerait | il aurait passé |
| | nous passerions | nous aurions passé |
| | vous passeriez | vous auriez passé |
| | ils passeraient | ils auraient passé |

**SUBJUNCTIVE**

| PRESENT | IMPERFECT | PERFECT |
|---|---|---|
| je passe | je passasse | j'aie passé |
| tu passes | tu passasses | tu aies passé |
| il passe | il passât | il ait passé |
| nous passions | nous passassions | nous ayons passé |
| vous passiez | vous passassiez | vous ayez passé |
| ils passent | ils passassent | ils aient passé |

| INFINITIVE | PARTICIPLE | NOTE |
|---|---|---|
| PRESENT | PRESENT | *can take auxiliary* être *when it means 'to go/come past'* |
| passer | passant | *repasser: can take aux-iliary* être *when it means 'to go/come past again'* |
| PAST | PAST | |
| avoir passé | passé | |

to pay

| PRESENT | IMPERFECT | FUTURE |
|---|---|---|
| je paye | je payais | je payerai |
| tu payes | tu payais | tu payeras |
| il paye | il payait | il payera |
| nous payons | nous payions | nous payerons |
| vous payez | vous payiez | vous payerez |
| ils payent | ils payaient | ils payeront |

| PAST HISTORIC | PERFECT | PLUPERFECT |
|---|---|---|
| je payai | j'ai payé | j'avais payé |
| tu payas | tu as payé | tu avais payé |
| il paya | il a payé | il avait payé |
| nous payâmes | nous avons payé | nous avions payé |
| vous payâtes | vous avez payé | vous aviez payé |
| ils payèrent | ils ont payé | ils avaient payé |

| PAST ANTERIOR | FUTURE PERFECT |
|---|---|
| j'eus payé etc | j'aurai payé etc |

| IMPERATIVE | CONDITIONAL | |
|---|---|---|
| | PRESENT | PAST |
| paye | je payerais | j'aurais payé |
| payons | tu payerais | tu aurais payé |
| payez | il payerait | il aurait payé |
| | nous payerions | nous aurions payé |
| | vous payeriez | vous auriez payé |
| | ils payeraient | ils auraient payé |

| SUBJUNCTIVE | | |
|---|---|---|
| PRESENT | IMPERFECT | PERFECT |
| je paye | je payasse | j'aie payé |
| tu payes | tu payasses | tu aies payé |
| il paye | il payât | il ait payé |
| nous payions | nous payassions | nous ayons payé |
| vous payiez | vous payassiez | vous ayez payé |
| ils payent | ils payassent | ils aient payé |

| INFINITIVE | PARTICIPLE |
|---|---|
| PRESENT | PRESENT |
| payer | payant |
| PAST | PAST |
| avoir payé | payé |

## PEINDRE
to paint

| PRESENT | IMPERFECT | FUTURE |
|---|---|---|
| je peins | je peignais | je peindrai |
| tu peins | tu peignais | tu peindras |
| il peint | il peignait | il peindra |
| nous peignons | nous peignions | nous peindrons |
| vous peignez | vous peigniez | vous peindrez |
| ils peignent | ils peignaient | ils peindront |

| PAST HISTORIC | PERFECT | PLUPERFECT |
|---|---|---|
| je peignis | j'ai peint | j'avais peint |
| tu peignis | tu as peint | tu avais peint |
| il peignit | il a peint | il avait peint |
| nous peignîmes | nous avons peint | nous avions peint |
| vous peignîtes | vous avez peint | vous aviez peint |
| ils peignirent | ils ont peint | ils avaient peint |

| PAST ANTERIOR | FUTURE PERFECT |
|---|---|
| j'eus peint etc | j'aurai peint etc |

| IMPERATIVE | CONDITIONAL | |
|---|---|---|
| | PRESENT | PAST |
| peins | je peindrais | j'aurais peint |
| peignons | tu peindrais | tu aurais peint |
| peignez | il peindrait | il aurait peint |
| | nous peindrions | nous aurions peint |
| | vous peindriez | vous auriez peint |
| | ils peindraient | ils auraient peint |

| SUBJUNCTIVE | | |
|---|---|---|
| PRESENT | IMPERFECT | PERFECT |
| je peigne | je peignisse | j'aie peint |
| tu peignes | tu peignisses | tu aies peint |
| il peigne | il peignît | il ait peint |
| nous peignions | nous peignissions | nous ayons peint |
| vous peigniez | vous peignissiez | vous ayez peint |
| ils peignent | ils peignissent | ils aient peint |

| INFINITIVE | PARTICIPLE |
|---|---|
| PRESENT | PRESENT |
| peindre | peignant |
| PAST | PAST |
| avoir peint | peint |

# PELER
to peel

| PRESENT | IMPERFECT | FUTURE |
|---|---|---|
| je pèle | je pelais | je pèlerai |
| tu pèles | tu pelais | tu pèleras |
| il pèle | il pelait | il pèlera |
| nous pelons | nous pelions | nous pèlerons |
| vous pelez | vous peliez | vous pèlerez |
| ils pèlent | ils pelaient | ils pèleront |

| PAST HISTORIC | PERFECT | PLUPERFECT |
|---|---|---|
| je pelai | j'ai pelé | j'avais pelé |
| tu pelas | tu as pelé | tu avais pelé |
| il pela | il a pelé | il avait pelé |
| nous pelâmes | nous avons pelé | nous avions pelé |
| vous pelâtes | vous avez pelé | vous aviez pelé |
| ils pelérent | ils ont pelé | ils avaient pelé |

| PAST ANTERIOR | FUTURE PERFECT |
|---|---|
| j'eus pelé etc | j'aurai pelé etc |

| IMPERATIVE | CONDITIONAL | |
|---|---|---|
| | **PRESENT** | **PAST** |
| pèle | je pèlerais | j'aurais pelé |
| pelons | tu pèlerais | tu aurais pelé |
| pelez | il pèlerait | il aurait pelé |
| | nous pèlerions | nous aurions pelé |
| | vous pèleriez | vous auriez pelé |
| | ils pèleraient | ils auraient pelé |

## SUBJUNCTIVE

| PRESENT | IMPERFECT | PERFECT |
|---|---|---|
| je pèle | je pelasse | j'aie pelé |
| tu pèles | tu pelasses | tu aies pelé |
| il pèle | il pelât | il ait pelé |
| nous pelions | nous pelassions | nous ayons pelé |
| vous peliez | vous pelassiez | vous ayez pelé |
| ils pèlent | ils pelassent | ils aient pelé |

| INFINITIVE | PARTICIPLE |
|---|---|
| **PRESENT** | **PRESENT** |
| peler | pelant |
| **PAST** | **PAST** |
| avoir pelé | pelé |

# 143

## PENETRER
to enter

| PRESENT | IMPERFECT | FUTURE |
|---|---|---|
| je pénètre | je pénétrais | je pénétrerai |
| tu pénètres | tu pénétrais | tu pénétreras |
| il pénètre | il pénétrait | il pénétrera |
| nous pénétrons | nous pénétrions | nous pénétrerons |
| vous pénétrez | vous pénétriez | vous pénétrerez |
| ils pénètrent | ils pénétraient | ils pénétreront |

| PAST HISTORIC | PERFECT | PLUPERFECT |
|---|---|---|
| je pénétrai | j'ai pénétré | j'avais pénétré |
| tu pénétras | tu as pénétré | tu avais pénétré |
| il pénétra | il a pénétré | il avait pénétré |
| nous pénétrâmes | nous avons pénétré | nous avions pénétré |
| vous pénétrâtes | vous avez pénétré | vous aviez pénétré |
| ils pénétrèrent | ils ont pénétré | ils avaient pénétré |

| PAST ANTERIOR | FUTURE PERFECT |
|---|---|
| j'eus pénétré etc | j'aurai pénétré etc |

| IMPERATIVE | CONDITIONAL | |
|---|---|---|
| | PRESENT | PAST |
| pénètre | je pénétrerais | j'aurais pénétré |
| pénétrons | tu pénétrerais | tu aurais pénétré |
| pénétrez | il pénétrerait | il aurait pénétré |
| | nous pénétrerions | nous aurions pénétré |
| | vous pénétreriez | vous auriez pénétré |
| | ils pénétreraient | ils auraient pénétré |

## SUBJUNCTIVE

| PRESENT | IMPERFECT | PERFECT |
|---|---|---|
| je pénètre | je pénétrasse | j'aie pénétré |
| tu pénètres | tu pénétrasses | tu aies pénétré |
| il pénètre | il pénétrât | il ait pénétré |
| nous pénétrions | nous pénétrassions | nous ayons pénétré |
| vous pénétriez | vous pénétrassiez | vous ayez pénétré |
| ils pénètrent | ils pénétrassent | ils aient pénétré |

| INFINITIVE | PARTICIPLE |
|---|---|
| PRESENT | PRESENT |
| pénétrer | pénétrant |
| PAST | PAST |
| avoir pénétré | pénétré |

# PERDRE
to lose

| PRESENT | IMPERFECT | FUTURE |
|---|---|---|
| je perds | je perdais | je perdrai |
| tu perds | tu perdais | tu perdras |
| il perd | il perdait | il perdra |
| nous perdons | nous perdions | nous perdrons |
| vous perdez | vous perdiez | vous perdrez |
| ils perdent | ils perdaient | ils perdront |

| PAST HISTORIC | PERFECT | PLUPERFECT |
|---|---|---|
| je perdis | j'ai perdu | j'avais perdu |
| tu perdis | tu as perdu | tu avais perdu |
| il perdit | il a perdu | il avait perdu |
| nous perdîmes | nous avons perdu | nous avions perdu |
| vous perdîtes | vous avez perdu | vous aviez perdu |
| ils perdirent | ils ont perdu | ils avaient perdu |

| PAST ANTERIOR | FUTURE PERFECT |
|---|---|
| j'eus perdu etc | j'aurai perdu etc |

| IMPERATIVE | CONDITIONAL | |
|---|---|---|
| | PRESENT | PAST |
| perds | je perdrais | j'aurais perdu |
| perdons | tu perdrais | tu aurais perdu |
| perdez | il perdrait | il aurait perdu |
| | nous perdrions | nous aurions perdu |
| | vous perdriez | vous auriez perdu |
| | ils perdraient | ils auraient perdu |

## SUBJUNCTIVE

| PRESENT | IMPERFECT | PERFECT |
|---|---|---|
| je perde | je perdisse | j'aie perdu |
| tu perdes | tu perdisses | tu aies perdu |
| il perde | il perdît | il ait perdu |
| nous perdions | nous perdissions | nous ayons perdu |
| vous perdiez | vous perdissiez | vous ayez perdu |
| ils perdent | ils perdissent | ils aient perdu |

| INFINITIVE | PARTICIPLE |
|---|---|
| PRESENT | PRESENT |
| perdre | perdant |
| PAST | PAST |
| avoir perdu | perdu |

# PERMETTRE
to allow

| PRESENT | IMPERFECT | FUTURE |
|---|---|---|
| je permets | je permettais | je permettrai |
| tu permets | tu permettais | tu permettras |
| il permet | il permettait | il permettra |
| nous permettons | nous permettions | nous permettrons |
| vous permettez | vous permettiez | vous permettrez |
| ils permettent | ils permettaient | ils permettront |

| PAST HISTORIC | PERFECT | PLUPERFECT |
|---|---|---|
| je permis | j'ai permis | j'avais permis |
| tu permis | tu as permis | tu avais permis |
| il permit | il a permis | il avait permis |
| nous permîmes | nous avons permis | nous avions permis |
| vous permîtes | vous avez permis | vous aviez permis |
| ils permirent | ils ont permis | ils avaient permis |

| PAST ANTERIOR | FUTURE PERFECT |
|---|---|
| j'eus permis etc | j'aurai permis etc |

| IMPERATIVE | CONDITIONAL | |
|---|---|---|
| | PRESENT | PAST |
| permets | je permettrais | j'aurais permis |
| permettons | tu permettrais | tu aurais permis |
| permettez | il permettrait | il aurait permis |
| | nous permettrions | nous aurions permis |
| | vous permettriez | vous auriez permis |
| | ils permettraient | ils auraient permis |

## SUBJUNCTIVE

| PRESENT | IMPERFECT | PERFECT |
|---|---|---|
| je permette | je permisse | j'aie permis |
| tu permettes | tu permisses | tu aies permis |
| il permette | il permît | il ait permis |
| nous permettions | nous permissions | nous ayons permis |
| vous permettiez | vous permissiez | vous ayez permis |
| ils permettent | ils permissent | ils aient permis |

| INFINITIVE | PARTICIPLE |
|---|---|
| PRESENT | PRESENT |
| permettre | permettant |
| PAST | PAST |
| avoir permis | permis |

# PESER
to weigh

| PRESENT | IMPERFECT | FUTURE |
|---|---|---|
| je pèse | je pesais | je pèserai |
| tu pèses | tu pesais | tu pèseras |
| il pèse | il pesait | il pèsera |
| nous pesons | nous pesions | nous pèserons |
| vous pesez | vous pesiez | vous pèserez |
| ils pèsent | ils pesaient | ils pèseront |

| PAST HISTORIC | PERFECT | PLUPERFECT |
|---|---|---|
| je pesai | j'ai pesé | j'avais pesé |
| tu pesas | tu as pesé | tu avais pesé |
| il pesa | il a pesé | il avait pesé |
| nous pesâmes | nous avons pesé | nous avions pesé |
| vous pesâtes | vous avez pesé | vous aviez pesé |
| ils pesèrent | ils ont pesé | ils avaient pesé |

| PAST ANTERIOR | FUTURE PERFECT |
|---|---|
| j'eus pesé etc | j'aurai pesé etc |

| IMPERATIVE | CONDITIONAL | |
|---|---|---|
| | PRESENT | PAST |
| pèse | je pèserais | j'aurais pesé |
| pesons | tu pèserais | tu aurais pesé |
| pesez | il pèserait | il aurait pesé |
| | nous pèserions | nous aurions pesé |
| | vous pèseriez | vous auriez pesé |
| | ils pèseraient | ils auraient pesé |

## SUBJUNCTIVE

| PRESENT | IMPERFECT | PERFECT |
|---|---|---|
| je pèse | je pesasse | j'aie pesé |
| tu pèses | tu pesasses | tu aies pesé |
| il pèse | il pesât | il ait pesé |
| nous pesions | nous pesassions | nous ayons pesé |
| vous pesiez | vous pesassiez | vous ayez pesé |
| ils pèsent | ils pesassent | ils aient pesé |

| INFINITIVE | PARTICIPLE |
|---|---|
| PRESENT | PRESENT |
| peser | pesant |
| PAST | PAST |
| avoir pesé | pesé |

**PLACER**
to place

| PRESENT | IMPERFECT | FUTURE |
|---|---|---|
| je place | je plaçais | je placerai |
| tu places | tu plaçais | tu placeras |
| il place | il plaçait | il placera |
| nous plaçons | nous placions | nous placerons |
| vous placez | vous placiez | vous placerez |
| ils placent | ils plaçaient | ils placeront |

| PAST HISTORIC | PERFECT | PLUPERFECT |
|---|---|---|
| je plaçai | j'ai placé | j'avais placé |
| tu plaças | tu as placé | tu avais placé |
| il plaça | il a placé | il avait placé |
| nous plaçâmes | nous avons placé | nous avions placé |
| vous plaçâtes | vous avez placé | vous aviez placé |
| ils placèrent | ils ont placé | ils avaient placé |

| PAST ANTERIOR | FUTURE PERFECT |
|---|---|
| j'eus placé etc | j'aurai placé etc |

| IMPERATIVE | CONDITIONAL | |
|---|---|---|
| | PRESENT | PAST |
| place | je placerais | j'aurais placé |
| plaçons | tu placerais | tu aurais placé |
| placez | il placerait | il aurait placé |
| | nous placerions | nous aurions placé |
| | vous placeriez | vous auriez placé |
| | ils placeraient | ils auraient placé |

**SUBJUNCTIVE**

| PRESENT | IMPERFECT | PERFECT |
|---|---|---|
| je place | je plaçasse | j'aie placé |
| tu places | tu plaçasses | tu aies placé |
| il place | il plaçât | il ait placé |
| nous placions | nous plaçassions | nous ayons placé |
| vous placiez | vous plaçassiez | vous ayez placé |
| ils placent | ils plaçassent | ils aient placé |

| INFINITIVE | PARTICIPLE |
|---|---|
| PRESENT | PRESENT |
| placer | plaçant |
| PAST | PAST |
| avoir placé | placé |

# PLAIRE
to please

**148**

| PRESENT | IMPERFECT | FUTURE |
|---|---|---|
| je plais | je plaisais | je plairai |
| tu plais | tu plaisais | tu plairas |
| il plaît | il plaisait | il plaira |
| nous plaisons | nous plaisions | nous plairons |
| vous plaisez | vous plaisiez | vous plairez |
| ils plaisent | ils plaisaient | ils plairont |

| PAST HISTORIC | PERFECT | PLUPERFECT |
|---|---|---|
| je plus | j'ai plu | j'avais plu |
| tu plus | tu as plu | tu avais plu |
| il plut | il a plu | il avait plu |
| nous plûmes | nous avons plu | nous avions plu |
| vous plûtes | vous avez plu | vous aviez plu |
| ils plurent | ils ont plu | ils avaient plu |

| PAST ANTERIOR | FUTURE PERFECT |
|---|---|
| j'eus plu etc | j'aurai plu etc |

| IMPERATIVE | CONDITIONAL | |
|---|---|---|
| | PRESENT | PAST |
| plais | je plairais | j'aurais plu |
| plaisons | tu plairais | tu aurais plu |
| plaisez | il plairait | il aurait plu |
| | nous plairions | nous aurions plu |
| | vous plairiez | vous auriez plu |
| | ils plairaient | ils auraient plu |

## SUBJUNCTIVE

| PRESENT | IMPERFECT | PERFECT |
|---|---|---|
| je plaise | je plusse | j'aie plu |
| tu plaises | tu plusses | tu aies plu |
| il plaise | il plût | il ait plu |
| nous plaisions | nous plussions | nous ayons plu |
| vous plaisiez | vous plussiez | vous ayez plu |
| ils plaisent | ils plussent | ils aient plu |

| INFINITIVE | PARTICIPLE | NOTE |
|---|---|---|
| PRESENT | PRESENT | cette idée me plaît = |
| plaire | plaisant | *I like this idea* |
| PAST | PAST | |
| avoir plu | plu | |

# 149 PLEUVOIR
to rain

| PRESENT | IMPERFECT | FUTURE |
|---|---|---|
| il pleut | il pleuvait | il pleuvra |

| PAST HISTORIC | PERFECT | PLUPERFECT |
|---|---|---|
| il plut | il a plu | il avait plu |

| PAST ANTERIOR | FUTURE PERFECT |
|---|---|
| il eut plu | il aura plu |

| *IMPERATIVE* | *CONDITIONAL* | |
|---|---|---|
| | **PRESENT** | **PAST** |
| | il pleuvrait | il aurait plu |

| *SUBJUNCTIVE* | | |
|---|---|---|
| **PRESENT** | **IMPERFECT** | **PERFECT** |
| il pleuve | il plût | il ait plu |

| *INFINITIVE* | *PARTICIPLE* |
|---|---|
| **PRESENT** | **PRESENT** |
| pleuvoir | pleuvant |
| **PAST** | **PAST** |
| avoir plu | plu |

# PLONGER
to dive

| PRESENT | IMPERFECT | FUTURE |
|---|---|---|
| je plonge | je plongeais | je plongerai |
| tu plonges | tu plongeais | tu plongeras |
| il plonge | il plongeait | il plongera |
| nous plongeons | nous plongions | nous plongerons |
| vous plongez | vous plongiez | vous plongerez |
| ils plongent | ils plongeaient | ils plongeront |

| PAST HISTORIC | PERFECT | PLUPERFECT |
|---|---|---|
| je plongeai | j'ai plongé | j'avais plongé |
| tu plongeas | tu as plongé | tu avais plongé |
| il plongea | il a plongé | il avait plongé |
| nous plongeâmes | nous avons plongé | nous avions plongé |
| vous plongeâtes | vous avez plongé | vous aviez plongé |
| ils plongèrent | ils ont plongé | ils avaient plongé |

| PAST ANTERIOR | FUTURE PERFECT |
|---|---|
| j'eus plongé etc | j'aurai plongé etc |

| IMPERATIVE | CONDITIONAL | |
|---|---|---|
| | PRESENT | PAST |
| plonge | je plongerais | j'aurais plongé |
| plongeons | tu plongerais | tu aurais plongé |
| plongez | il plongerait | il aurait plongé |
| | nous plongerions | nous aurions plongé |
| | vous plongeriez | vous auriez plongé |
| | ils plongeraient | ils auraient plongé |

## SUBJUNCTIVE

| PRESENT | IMPERFECT | PERFECT |
|---|---|---|
| je plonge | je plongeasse | j'aie plongé |
| tu plonges | tu plongeasses | tu aies plongé |
| il plonge | il plongeât | il ait plongé |
| nous plongions | nous plongeassions | nous ayons plongé |
| vous plongiez | vous plongeassiez | vous ayez plongé |
| ils plongent | ils plongeassent | ils aient plongé |

| INFINITIVE | PARTICIPLE |
|---|---|
| PRESENT | PRESENT |
| plonger | plongeant |
| PAST | PAST |
| avoir plongé | plongé |

# 151 POINDRE
to dawn

| PRESENT | IMPERFECT | FUTURE |
|---------|-----------|--------|
| il point | | il poindra |

| PAST HISTORIC | PERFECT | PLUPERFECT |
|---------------|---------|------------|

| PAST ANTERIOR | FUTURE PERFECT | |
|---------------|----------------|--|

| IMPERATIVE | CONDITIONAL | |
|------------|-------------|--|
| | PRESENT | PAST |

| SUBJUNCTIVE | | |
|-------------|--|--|
| PRESENT | IMPERFECT | PERFECT |

| INFINITIVE | PARTICIPLE |
|------------|------------|
| PRESENT | PRESENT |
| poindre | |
| PAST | PAST |

# POSSEDER
to own

# 152

| **PRESENT** | **IMPERFECT** | **FUTURE** |
|---|---|---|
| je possède | je possédais | je posséderai |
| tu possèdes | tu possédais | tu posséderas |
| il possède | il possédait | il possédera |
| nous possédons | nous possédions | nous posséderons |
| vous possédez | vous possédiez | vous posséderez |
| ils possèdent | ils possédaient | ils posséderont |

| **PAST HISTORIC** | **PERFECT** | **PLUPERFECT** |
|---|---|---|
| je possédai | j'ai possédé | j'avais possédé |
| tu possédas | tu as possédé | tu avais possédé |
| il posséda | il a possédé | il avait possédé |
| nous possédâmes | nous avons possédé | nous avions possédé |
| vous possédâtes | vous avez possédé | vous aviez possédé |
| ils possédèrent | ils ont possédé | ils avaient possédé |

| **PAST ANTERIOR** | **FUTURE PERFECT** |
|---|---|
| j'eus possédé etc | j'aurai possédé etc |

| *IMPERATIVE* | *CONDITIONAL* | |
|---|---|---|
| | **PRESENT** | **PAST** |
| possède | je posséderais | j'aurais possédé |
| possédons | tu posséderais | tu aurais possédé |
| possédez | il posséderait | il aurait possédé |
| | nous posséderions | nous aurions possédé |
| | vous posséderiez | vous auriez possédé |
| | ils posséderaient | ils auraient possédé |

| *SUBJUNCTIVE* | | |
|---|---|---|
| **PRESENT** | **IMPERFECT** | **PERFECT** |
| je possède | je possédasse | j'aie possédé |
| tu possèdes | tu possédasses | tu aies possédé |
| il possède | il possédât | il ait possédé |
| nous possédions | nous possédassions | nous ayons possédé |
| vous possédiez | vous possédassiez | vous ayez possédé |
| ils possèdent | ils possédassent | ils aient possédé |

| *INFINITIVE* | *PARTICIPLE* |
|---|---|
| **PRESENT** | **PRESENT** |
| posséder | possédant |
| **PAST** | **PAST** |
| avoir possédé | possédé |

**POURVOIR**
to provide

| PRESENT | IMPERFECT | FUTURE |
|---|---|---|
| je pourvois | je pourvoyais | je pourvoirai |
| tu pourvois | tu pourvoyais | tu pourvoiras |
| il pourvoit | il pourvoyait | il pourvoira |
| nous pourvoyons 11 | nous pourvoyions | nous pourvoirons |
| vous pourvoyez | vous pourvoyiez | vous pourvoirez |
| ils pourvoient | ils pourvoyaient | ils pourvoiront |

| PAST HISTORIC | PERFECT | PLUPERFECT |
|---|---|---|
| je pourvus | j'ai pourvu | j'avais pourvu |
| tu pourvus | tu as pourvu | tu avais pourvu |
| il pourvut | il a pourvu | il avait pourvu |
| nous pourvûmes | nous avons pourvu | nous avions pourvu |
| vous pourvûtes | vous avez pourvu | vous aviez pourvu |
| ils pourvurent | ils ont pourvu | ils avaient pourvu |

| PAST ANTERIOR | FUTURE PERFECT |
|---|---|
| j'eus pourvu etc | j'aurai pourvu etc |

| IMPERATIVE | CONDITIONAL | |
|---|---|---|
| | PRESENT | PAST |
| pourvois | je pourvoirais | j'aurais pourvu |
| pourvoyons | tu pourvoirais | tu aurais pourvu |
| pourvoyez | il pourvoirait | il aurait pourvu |
| | nous pourvoirions | nous aurions pourvu |
| | vous pourvoiriez | vous auriez pourvu |
| | ils pourvoiraient | ils auraient pourvu |

| SUBJUNCTIVE | | |
|---|---|---|
| PRESENT | IMPERFECT | PERFECT |
| je pourvoie | je pourvusse | j'aie pourvu |
| tu pourvoies | tu pourvusses | tu aies pourvu |
| il pourvoie | il pourvût | il ait pourvu |
| nous pourvoyions | nous pourvussions | nous ayons pourvu |
| vous pourvoyiez | vous pourvussiez | vous ayez pourvu |
| ils pourvoient | ils pourvussent | ils aient pourvu |

| INFINITIVE | PARTICIPLE |
|---|---|
| PRESENT | PRESENT |
| pourvoir | pourvoyant |
| PAST | PAST |
| avoir pourvu | pourvu |

# POUSSER
to push

| **PRESENT** | **IMPERFECT** | **FUTURE** |
|---|---|---|
| je pousse | je poussais | je pousserai |
| tu pousses | tu poussais | tu pousseras |
| il pousse | il poussait | il poussera |
| nous poussons | nous poussions | nous pousserons |
| vous poussez | vous poussiez | vous pousserez |
| ils poussent | ils poussaient | ils pousseront |

| **PAST HISTORIC** | **PERFECT** | **PLUPERFECT** |
|---|---|---|
| je poussai | j'ai poussé | j'avais poussé |
| tu poussas | tu as poussé | tu avais poussé |
| il poussa | il a poussé | il avait poussé |
| nous poussâmes | nous avons poussé | nous avions poussé |
| vous poussâtes | vous avez poussé | vous aviez poussé |
| ils poussèrent | ils ont poussé | ils avaient poussé |

| **PAST ANTERIOR** | **FUTURE PERFECT** |
|---|---|
| j'eus poussé etc | j'aurai poussé etc |

| **IMPERATIVE** | **CONDITIONAL** | |
|---|---|---|
| | **PRESENT** | **PAST** |
| pousse | je pousserais | j'aurais poussé |
| poussons | tu pousserais | tu aurais poussé |
| poussez | il pousserait | il aurait poussé |
| | nous pousserions | nous aurions poussé |
| | vous pousseriez | vous auriez poussé |
| | ils pousseraient | ils auraient poussé |

## SUBJUNCTIVE

| **PRESENT** | **IMPERFECT** | **PERFECT** |
|---|---|---|
| je pousse | je poussasse | j'aie poussé |
| tu pousses | tu poussasses | tu aies poussé |
| il pousse | il poussât | il ait poussé |
| nous poussions | nous poussassions | nous ayons poussé |
| vous poussiez | vous poussassiez | vous ayez poussé |
| ils poussent | ils poussassent | ils aient poussé |

| **INFINITIVE** | **PARTICIPLE** |
|---|---|
| **PRESENT** | **PRESENT** |
| pousser | poussant |
| **PAST** | **PAST** |
| avoir poussé | poussé |

| **PRESENT** | **IMPERFECT** | **FUTURE** |
|---|---|---|
| je peux | je pouvais | je pourrai |
| tu peux | tu pouvais | tu pourras |
| il peut | il pouvait | il pourra |
| nous pouvons | nous pouvions | nous pourrons |
| vous pouvez | vous pouviez | vous pourrez |
| ils peuvent | ils pouvaient | ils pourront |

| **PAST HISTORIC** | **PERFECT** | **PLUPERFECT** |
|---|---|---|
| je pus | j'ai pu | j'avais pu |
| tu pus | tu as pu | tu avais pu |
| il put | il a pu | il avait pu |
| nous pûmes | nous avons pu | nous avions pu |
| vous pûtes | vous avez pu | vous aviez pu |
| ils purent | ils ont pu | ils avaient pu |

| **PAST ANTERIOR** | **FUTURE PERFECT** |
|---|---|
| j'eus pu etc | j'aurai pu etc |

| *IMPERATIVE* | *CONDITIONAL* | |
|---|---|---|
| | **PRESENT** | **PAST** |
| | je pourrais | j'aurais pu |
| | tu pourrais | tu aurais pu |
| | il pourrait | il aurait pu |
| | nous pourrions | nous aurions pu |
| | vous pourriez | vous auriez pu |
| | ils pourraient | ils auraient pu |

| *SUBJUNCTIVE* | | |
|---|---|---|
| **PRESENT** | **IMPERFECT** | **PERFECT** |
| je puisse | je pusse | j'aie pu |
| tu puisses | tu pusses | tu aies pu |
| il puisse | il pût | il ait pu |
| nous puissions | nous pussions | nous ayons pu |
| vous puissiez | vous pussiez | vous ayez pu |
| ils puissent | ils pussent | ils aient pu |

| *INFINITIVE* | *PARTICIPLE* |
|---|---|
| **PRESENT** | **PRESENT** |
| pouvoir | pouvant |
| **PAST** | **PAST** |
| avoir pu | pu |

**PREFERER**
to prefer

| PRESENT | IMPERFECT | FUTURE |
|---|---|---|
| je préfère | je préférais | je préférerai |
| tu préfères | tu préférais | tu préféreras |
| il préfère | il préférait | il préférera |
| nous préférons | nous préférions | nous préférerons |
| vous préférez | vous préfériez | vous préférerez |
| ils préfèrent | ils préféraient | ils préféreront |

| PAST HISTORIC | PERFECT | PLUPERFECT |
|---|---|---|
| je préférai | j'ai préféré | j'avais préféré |
| tu préféras | tu as préféré | tu avais préféré |
| il préféra | il a préféré | il avait préféré |
| nous préférâmes | nous avons préféré | nous avions préféré |
| vous préférâtes | vous avez préféré | vous aviez préféré |
| ils préférèrent | ils ont préféré | ils avaient préféré |

| PAST ANTERIOR | FUTURE PERFECT |
|---|---|
| j'eus préféré etc | j'aurai préféré etc |

| IMPERATIVE | CONDITIONAL | |
|---|---|---|
| | PRESENT | PAST |
| préfère | je préférerais | j'aurais préféré |
| préférons | tu préférerais | tu aurais préféré |
| préférez | il préférerait | il aurait préféré |
| | nous préférerions | nous aurions préféré |
| | vous préféreriez | vous auriez préféré |
| | ils préféreraient | ils auraient préféré |

**SUBJUNCTIVE**

| PRESENT | IMPERFECT | PERFECT |
|---|---|---|
| je préfère | je préférasse | j'aie préféré |
| tu préfères | tu préférasses | tu aies préféré |
| il préfère | il préférât | il ait préféré |
| nous préférions | nous préférassions | nous ayons préféré |
| vous préfériez | vous préférassiez | vous ayez préféré |
| ils préfèrent | ils préférassent | ils aient préféré |

| INFINITIVE | PARTICIPLE |
|---|---|
| PRESENT | PRESENT |
| préférer | préférant |
| PAST | PAST |
| avoir préféré | préféré |

**PRENDRE**
to take

| PRESENT | IMPERFECT | FUTURE |
|---|---|---|
| je prends | je prenais | je prendrai |
| tu prends | tu prenais | tu prendras |
| il prend | il prenait | il prendra |
| nous prenons | nous prenions | nous prendrons |
| vous prenez | vous preniez | vous prendrez |
| ils prennent | ils prenaient | ils prendront |

| PAST HISTORIC | PERFECT | PLUPERFECT |
|---|---|---|
| je pris | j'ai pris | j'avais pris |
| tu pris | tu as pris | tu avais pris |
| il prit | il a pris | il avait pris |
| nous prîmes | nous avons pris | nous avions pris |
| vous prîtes | vous avez pris | vous aviez pris |
| ils prirent | ils ont pris | ils avaient pris |

| PAST ANTERIOR | FUTURE PERFECT |
|---|---|
| j'eus pris etc | j'aurai pris etc |

| *IMPERATIVE* | *CONDITIONAL* | |
|---|---|---|
| | **PRESENT** | **PAST** |
| prends | je prendrais | j'aurais pris |
| prenons | tu prendrais | tu aurais pris |
| prenez | il prendrait | il aurait pris |
| | nous prendrions | nous aurions pris |
| | vous prendriez | vous auriez pris |
| | ils prendraient | ils auraient pris |

*SUBJUNCTIVE*

| PRESENT | IMPERFECT | PERFECT |
|---|---|---|
| je prenne | je prisse | j'aie pris |
| tu prennes | tu prisses | tu aies pris |
| il prenne | il prît | il ait pris |
| nous prenions | nous prissions | nous ayons pris |
| vous preniez | vous prissiez | vous ayez pris |
| ils prennent | ils prissent | ils aient pris |

| *INFINITIVE* | *PARTICIPLE* |
|---|---|
| **PRESENT** | **PRESENT** |
| prendre | prenant |
| **PAST** | **PAST** |
| avoir pris | pris |

# PREVALOIR
to prevail

| PRESENT | IMPERFECT | FUTURE |
|---|---|---|
| je prévaux | je prévalais | je prévaudrai |
| tu prévaux | tu prévalais | tu prévaudras |
| il prévaut | il prévalait | il prévaudra |
| nous prévalons | nous prévalions | nous prévaudrons |
| vous prévalez | vous prévaliez | vous prévaudrez |
| ils prévalent | ils prévalaient | ils prévaudront |

| PAST HISTORIC | PERFECT | PLUPERFECT |
|---|---|---|
| je prévalus | j'ai prévalu | j'avais prévalu |
| tu prévalus | tu as prévalu | tu avais prévalu |
| il prévalut | il a prévalu | il avait prévalu |
| nous prévalûmes | nous avons prévalu | nous avions prévalu |
| vous prévalûtes | vous avez prévalu | vous aviez prévalu |
| ils prévalurent | ils ont prévalu | ils avaient prévalu |

| PAST ANTERIOR | FUTURE PERFECT |
|---|---|
| j'eus prévalu etc | j'aurai prévalu etc |

| IMPERATIVE | CONDITIONAL | |
|---|---|---|
| | PRESENT | PAST |
| prévaux | je prévaudrais | j'aurais prévalu |
| prévalons | tu prévaudrais | tu aurais prévalu |
| prévalez | il prévaudrait | il aurait prévalu |
| | nous prévaudrions | nous aurions prévalu |
| | vous prévaudriez | vous auriez prévalu |
| | ils prévaudraient | ils auraient prévalu |

## SUBJUNCTIVE

| PRESENT | IMPERFECT | PERFECT |
|---|---|---|
| je prévale | je prévalusse | j'aie prévalu |
| tu prévales | tu prévalusses | tu aies prévalu |
| il prévale | il prévalût | il ait prévalu |
| nous prévalions | nous prévalussions | nous ayons prévalu |
| vous prévaliez | vous prévalussiez | vous ayez prévalu |
| ils prévalent | ils prévalussent | ils aient prévalu |

| INFINITIVE | PARTICIPLE |
|---|---|
| PRESENT | PRESENT |
| prévaloir | prévalant |
| PAST | PAST |
| avoir prévalu | prévalu |

**PREVENIR**
to warn

| PRESENT | IMPERFECT | FUTURE |
|---|---|---|
| je préviens | je prévenais | je préviendrai |
| tu préviens | tu prévenais | tu préviendras |
| il prévient | il prévenait | il préviendra |
| nous prévenons | nous prévenions | nous préviendrons |
| vous prévenez | vous préveniez | vous préviendrez |
| ils préviennent | ils prévenaient | ils préviendront |

| PAST HISTORIC | PERFECT | PLUPERFECT |
|---|---|---|
| je prévins | j'ai prévenu | j'avais prévenu |
| tu prévins | tu as prévenu | tu avais prévenu |
| il prévint | il a prévenu | il avait prévenu |
| nous prévînmes | nous avons prévenu | nous avions prévenu |
| vous prévîntes | vous avez prévenu | vous aviez prévenu |
| ils prévinrent | ils ont prévenu | ils avaient prévenu |

| PAST ANTERIOR | FUTURE PERFECT |
|---|---|
| j'eus prévenu etc | j'aurai prévenu etc |

| IMPERATIVE | CONDITIONAL | |
|---|---|---|
| | PRESENT | PAST |
| préviens | je préviendrais | j'aurais prévenu |
| prévenons | tu préviendrais | tu aurais prévenu |
| prévenez | il préviendrait | il aurait prévenu |
| | nous préviendrions | nous aurions prévenu |
| | vous préviendriez | vous auriez prévenu |
| | ils préviendraient | ils auraient prévenu |

**SUBJUNCTIVE**

| PRESENT | IMPERFECT | PERFECT |
|---|---|---|
| je prévienne | je prévinsse | j'aie prévenu |
| tu préviennes | tu prévinsses | tu aies prévenu |
| il prévienne | il prévînt | il ait prévenu |
| nous prévenions | nous prévinssions | nous ayons prévenu |
| vous préveniez | vous prévinssiez | vous ayez prévenu |
| ils préviennent | ils prévinssent | ils aient prévenu |

| INFINITIVE | PARTICIPLE | NOTE |
|---|---|---|
| PRESENT | PRESENT | convenir: *takes auxiliary* |
| prévenir | prévenant | être *when it means 'to agree'* |
| PAST | PAST | |
| avoir prévenu | prévenu | |

# PREVOIR
to foresee

| PRESENT | IMPERFECT | FUTURE |
|---|---|---|
| je prévois | je prévoyais | je prévoirai |
| tu prévois | tu prévoyais | tu prévoiras |
| il prévoit | il prévoyait | il prévoira |
| nous prévoyons | nous prévoyions | nous prévoirons |
| vous prévoyez | vous prévoyiez | vous prévoirez |
| ils prévoient | ils prévoyaient | ils prévoiront |

| PAST HISTORIC | PERFECT | PLUPERFECT |
|---|---|---|
| je prévis | j'ai prévu | j'avais prévu |
| tu prévis | tu as prévu | tu avais prévu |
| il prévit | il a prévu | il avait prévu |
| nous prévîmes | nous avons prévu | nous avions prévu |
| vous prévîtes | vous avez prévu | vous aviez prévu |
| ils prévirent | ils ont prévu | ils avaient prévu |

| PAST ANTERIOR | FUTURE PERFECT |
|---|---|
| j'eus prévu etc | j'aurai prévu etc |

| IMPERATIVE | CONDITIONAL | |
|---|---|---|
| | PRESENT | PAST |
| prévois | je prévoirais | j'aurais prévu |
| prévoyons | tu prévoirais | tu aurais prévu |
| prévoyez | il prévoirait | il aurait prévu |
| | nous prévoirions | nous aurions prévu |
| | vous prévoiriez | vous auriez prévu |
| | ils prévoiraient | ils auraient prévu |

## SUBJUNCTIVE

| PRESENT | IMPERFECT | PERFECT |
|---|---|---|
| je prévoie | je prévisse | j'aie prévu |
| tu prévoies | tu prévisses | tu aies prévu |
| il prévoie | il prévît | il ait prévu |
| nous prévoyions | nous prévissions | nous ayons prévu |
| vous prévoyiez | vous prévissiez | vous ayez prévu |
| ils prévoient | ils prévissent | ils aient prévu |

| INFINITIVE | PARTICIPLE |
|---|---|
| **PRESENT** | **PRESENT** |
| prévoir | prévoyant |
| **PAST** | **PAST** |
| avoir prévu | prévu |

# 161 PROMETTRE
to promise

## PRESENT

je promets
tu promets
il promet
nous promettons
vous promettez
ils promettent

## IMPERFECT

je promettais
tu promettais
il promettait
nous promettions
vous promettiez
ils promettaient

## FUTURE

je promettrai
tu promettras
il promettra
nous promettrons
vous promettrez
ils promettront

## PAST HISTORIC

je promis
tu promis
il promit
nous promîmes
vous promîtes
ils promirent

## PERFECT

j'ai promis
tu as promis
il a promis
nous avons promis
vous avez promis
ils ont promis

## PLUPERFECT

j'avais promis
tu avais promis
il avait promis
nous avions promis
vous aviez promis
ils avaient promis

## PAST ANTERIOR

j'eus promis etc

## FUTURE PERFECT

j'aurai promis etc

## IMPERATIVE

promets
promettons
promettez

## CONDITIONAL

### PRESENT

je promettrais
tu promettrais
il promettrait
nous promettrions
vous promettriez
ils promettraient

### PAST

j'aurais promis
tu aurais promis
il aurait promis
nous aurions promis
vous auriez promis
ils auraient promis

## SUBJUNCTIVE

### PRESENT

je promette
tu promettes
il promette
nous promettions
vous promettiez
ils promettent

### IMPERFECT

je promisse
tu promisses
il promît
nous promissions
vous promissiez
ils promissent

### PERFECT

j'aie promis
tu aies promis
il ait promis
nous ayons promis
vous ayez promis
ils aient promis

## INFINITIVE

### PRESENT

promettre

### PAST

avoir promis

## PARTICIPLE

### PRESENT

promettant

### PAST

promis

# PROMOUVOIR
to promote

| PRESENT | IMPERFECT | FUTURE |
|---------|-----------|--------|
|         |           |        |

| PAST HISTORIC | PERFECT | PLUPERFECT |
|---------------|---------|------------|
|               | j'ai promu | j'avais promu |
|               | tu as promu | tu avais promu |
|               | il a promu | il avait promu |
|               | nous avons promu | nous avions promu |
|               | vous avez promu | vous aviez promu |
|               | ils ont promu | ils avaient promu |

| PAST ANTERIOR | FUTURE PERFECT |
|---------------|----------------|
| j'eus promu etc | j'aurai promu etc |

| IMPERATIVE | CONDITIONAL | |
|------------|-------------|---|
|            | PRESENT | PAST |
|            |         | j'aurais promu |
|            |         | tu aurais promu |
|            |         | il aurait promu |
|            |         | nous aurions promu |
|            |         | vous auriez promu |
|            |         | ils auraient promu |

## SUBJUNCTIVE

| PRESENT | IMPERFECT | PERFECT |
|---------|-----------|---------|
|         |           | j'aie promu |
|         |           | tu aies promu |
|         |           | il ait promu |
|         |           | nous ayons promu |
|         |           | vous ayez promu |
|         |           | ils aient promu |

| INFINITIVE | PARTICIPLE |
|------------|------------|
| PRESENT | PRESENT |
| promouvoir | promouvant |
| PAST | PAST |
| avoir promu | promu |

# 163

## PROTEGER
to protect

**PRESENT**

je protège
tu protèges
il protège
nous protégeons
vous protégez
ils protègent

**IMPERFECT**

je protégeais
tu protégeais
il protégeait
nous protégions
vous protégiez
ils protégeaient

**FUTURE**

je protégerai
tu protégeras
il protégera
nous protégerons
vous protégerez
ils protégeront

**PAST HISTORIC**

je protégeai
tu protégeas
il protégea
nous protégeâmes
vous protégeâtes
ils protégèrent

**PERFECT**

j'ai protégé
tu as protégé
il a protégé
nous avons protégé
vous avez protégé
ils ont protégé

**PLUPERFECT**

j'avais protégé
tu avais protégé
il avait protégé
nous avions protégé
vous aviez protégé
ils avaient protégé

**PAST ANTERIOR**

j'eus protégé etc

**FUTURE PERFECT**

j'aurai protégé etc

---

*IMPERATIVE*

protège
protégeons
protégez

*CONDITIONAL*

**PRESENT**

je protégerais
tu protégerais
il protégerait
nous protégerions
vous protégeriez
ils protégeraient

**PAST**

j'aurais protégé
tu aurais protégé
il aurait protégé
nous aurions protégé
vous auriez protégé
ils auraient protégé

---

*SUBJUNCTIVE*

**PRESENT**

je protège
tu protèges
il protège
nous protégions
vous protégiez
ils protègent

**IMPERFECT**

je protégeasse
tu protégeasses
il protégeât
nous protégeassions
vous protégeassiez
ils protégeassent

**PERFECT**

j'aie protégé
tu aies protégé
il ait protégé
nous ayons protégé
vous ayez protégé
ils aient protégé

---

*INFINITIVE*

**PRESENT**

protéger

**PAST**

avoir protégé

*PARTICIPLE*

**PRESENT**

protégeant

**PAST**

protégé

| **PRESENT** | **IMPERFECT** | **FUTURE** |
|---|---|---|
| je pue | je puais | je puerai |
| tu pues | tu puais | tu pueras |
| il pue | il puait | il puera |
| nous puons | nous puions | nous puerons |
| vous puez | vous puiez | vous puerez |
| ils puent | ils puaient | ils pueront |

| **PAST HISTORIC** | **PERFECT** | **PLUPERFECT** |
|---|---|---|
| | j'ai pué | j'avais pué |
| | tu as pué | tu avais pué |
| | il a pué | il avait pué |
| | nous avons pué | nous avions pué |
| | vous avez pué | vous aviez pué |
| | ils ont pué | ils avaient pué |

| **PAST ANTERIOR** | **FUTURE PERFECT** |
|---|---|
| j'eus pué etc | j'aurai pué etc |

| **IMPERATIVE** | **CONDITIONAL** | |
|---|---|---|
| | **PRESENT** | **PAST** |
| | je puerais | j'aurais pué |
| | tu puerais | tu aurais pué |
| | il puerait | il aurait pué |
| | nous puerions | nous aurions pué |
| | vous pueriez | vous auriez pué |
| | ils pueraient | ils auraient pué |

**SUBJUNCTIVE**

| **PRESENT** | **IMPERFECT** | **PERFECT** |
|---|---|---|
| je pue | | j'aie pué |
| tu pues | | tu aies pué |
| il pue | | il ait pué |
| nous puions | | nous ayons pué |
| vous puiez | | vous ayez pué |
| ils puent | | ils aient pué |

| **INFINITIVE** | **PARTICIPLE** |
|---|---|
| **PRESENT** | **PRESENT** |
| puer | puant |
| **PAST** | **PAST** |
| avoir pué | pué |

# 165

## RAPIECER
to mend

| PRESENT | IMPERFECT | FUTURE |
|---|---|---|
| je rapièce | je rapiéçais | je rapiécerai |
| tu rapièces | tu rapiéçais | tu rapiéceras |
| il rapièce | il rapiéçait | il rapiécera |
| nous rapiéçons | nous rapiécions | nous rapiécerons |
| vous rapiécez | vous rapiéciez | vous rapiécerez |
| ils rapiècent | ils rapiéçaient | ils rapiéceront |

| PAST HISTORIC | PERFECT | PLUPERFECT |
|---|---|---|
| je rapiéçai | j'ai rapiécé | j'avais rapiécé |
| tu rapiéças | tu as rapiécé | tu avais rapiécé |
| il rapiéça | il a rapiécé | il avait rapiécé |
| nous rapiéçâmes | nous avons rapiécé | nous avions rapiécé |
| vous rapiéçâtes | vous avez rapiécé | vous aviez rapiécé |
| ils rapiécèrent | ils ont rapiécé | ils avaient rapiécé |

| PAST ANTERIOR | FUTURE PERFECT |
|---|---|
| j'eus rapiécé etc | j'aurai rapiécé etc |

| IMPERATIVE | CONDITIONAL | |
|---|---|---|
| | PRESENT | PAST |
| rapièce | je rapiécerais | j'aurais rapiécé |
| rapiéçons | tu rapiécerais | tu aurais rapiécé |
| rapiécez | il rapiécerait | il aurait rapiécé |
| | nous rapiécerions | nous aurions rapiécé |
| | vous rapiéceriez | vous auriez rapiécé |
| | ils rapiéceraient | ils auraient rapiécé |

## SUBJUNCTIVE

| PRESENT | IMPERFECT | PERFECT |
|---|---|---|
| je rapièce | je rapiéçasse | j'aie rapiécé |
| tu rapièces | tu rapiéçasses | tu aies rapiécé |
| il rapièce | il rapiéçât | il ait rapiécé |
| nous rapiécions | nous rapiéçassions | nous ayons rapiécé |
| vous rapiéciez | vous rapiéçassiez | vous ayez rapiécé |
| ils rapiècent | ils rapiéçassent | ils aient rapiécé |

| INFINITIVE | PARTICIPLE |
|---|---|
| PRESENT | PRESENT |
| rapiécer | rapiéçant |
| PAST | PAST |
| avoir rapiécé | rapiécé |

# RECEVOIR
to receive

| **PRESENT** | **IMPERFECT** | **FUTURE** |
|---|---|---|
| je reçois | je recevais | je recevrai |
| tu reçois | tu recevais | tu recevras |
| il reçoit | il recevait | il recevra |
| nous recevons | nous recevions | nous recevrons |
| vous recevez | vous receviez | vous recevrez |
| ils reçoivent | ils recevaient | ils recevront |

| **PAST HISTORIC** | **PERFECT** | **PLUPERFECT** |
|---|---|---|
| je reçus | j'ai reçu | j'avais reçu |
| tu reçus | tu as reçu | tu avais reçu |
| il reçut | il a reçu | il avait reçu |
| nous reçûmes | nous avons reçu | nous avions reçu |
| vous reçûtes | vous avez reçu | vous aviez reçu |
| ils reçurent | ils ont reçu | ils avaient reçu |

| **PAST ANTERIOR** | **FUTURE PERFECT** |
|---|---|
| j'eus reçu etc | j'aurai reçu etc |

| **IMPERATIVE** | **CONDITIONAL** | |
|---|---|---|
| | **PRESENT** | **PAST** |
| reçois | je recevrais | j'aurais reçu |
| recevons | tu recevrais | tu aurais reçu |
| recevez | il recevrait | il aurait reçu |
| | nous recevrions | nous aurions reçu |
| | vous recevriez | vous auriez reçu |
| | ils recevraient | ils auraient reçu |

## SUBJUNCTIVE

| **PRESENT** | **IMPERFECT** | **PERFECT** |
|---|---|---|
| je reçoive | je reçusse | j'aie reçu |
| tu reçoives | tu reçusses | tu aies reçu |
| il reçoive | il reçût | il ait reçu |
| nous recevions | nous reçussions | nous ayons reçu |
| vous receviez | vous reçussiez | vous ayez reçu |
| ils reçoivent | ils reçussent | ils aient reçu |

| **INFINITIVE** | **PARTICIPLE** |
|---|---|
| **PRESENT** | **PRESENT** |
| recevoir | recevant |
| **PAST** | **PAST** |
| avoir reçu | reçu |

## REFRENER
to repress

| PRESENT | IMPERFECT | FUTURE |
|---|---|---|
| je réfrène | je réfrénais | je réfrénerai |
| tu réfrènes | tu réfrénais | tu réfréneras |
| il réfrène | il réfrénait | il réfrénera |
| nous réfrénons | nous réfrénions | nous réfrénerons |
| vous réfrénez | vous réfréniez | vous réfrénerez |
| ils réfrènent | ils réfrénaient | ils réfréneront |

| PAST HISTORIC | PERFECT | PLUPERFECT |
|---|---|---|
| je réfrénai | j'ai réfréné | j'avais réfréné |
| tu réfrénas | tu as réfréné | tu avais réfréné |
| il réfréna | il a réfréné | il avait réfréné |
| nous réfrénâmes | nous avons réfréné | nous avions réfréné |
| vous réfrénâtes | vous avez réfréné | vous aviez réfréné |
| ils réfrénèrent | ils ont réfréné | ils avaient réfréné |

| PAST ANTERIOR | FUTURE PERFECT |
|---|---|
| j'eus réfréné etc | j'aurai réfréné etc |

| IMPERATIVE | CONDITIONAL | |
|---|---|---|
| | PRESENT | PAST |
| réfrène | je réfrénerais | j'aurais réfréné |
| réfrénons | tu réfrénerais | tu aurais réfréné |
| réfrénez | il réfrénerait | il aurait réfréné |
| | nous réfrénerions | nous aurions réfréné |
| | vous réfréneriez | vous auriez réfréné |
| | ils réfréneraient | ils auraient réfréné |

### SUBJUNCTIVE

| PRESENT | IMPERFECT | PERFECT |
|---|---|---|
| je réfrène | je réfrénasse | j'aie réfréné |
| tu réfrènes | tu réfrénasses | tu aies réfréné |
| il réfrène | il réfrénât | il ait réfréné |
| nous réfrénions | nous réfrénassions | nous ayons réfréné |
| vous réfréniez | vous réfrénassiez | vous ayez réfréné |
| ils réfrènent | ils réfrénassent | ils aient réfréné |

| INFINITIVE | PARTICIPLE |
|---|---|
| PRESENT | PRESENT |
| réfréner | réfrénant |
| PAST | PAST |
| avoir réfréné | réfréné |

# REGLER
to adjust

| PRESENT | IMPERFECT | FUTURE |
|---|---|---|
| je règle | je réglais | je réglerai |
| tu règles | tu réglais | tu régleras |
| il règle | il réglait | il réglera |
| nous réglons | nous réglions | nous réglerons |
| vous réglez | vous régliez | vous réglerez |
| ils règlent | ils réglaient | ils régleront |

| PAST HISTORIC | PERFECT | PLUPERFECT |
|---|---|---|
| je réglai | j'ai réglé | j'avais réglé |
| tu réglas | tu as réglé | tu avais réglé |
| il régla | il a réglé | il avait réglé |
| nous réglâmes | nous avons réglé | nous avions réglé |
| vous réglâtes | vous avez réglé | vous aviez réglé |
| ils réglèrent | ils ont réglé | ils avaient réglé |

| PAST ANTERIOR | FUTURE PERFECT |
|---|---|
| j'eus réglé etc | j'aurai réglé etc |

| IMPERATIVE | CONDITIONAL | |
|---|---|---|
| | PRESENT | PAST |
| règle | je réglerais | j'aurais réglé |
| réglons | tu réglerais | tu aurais réglé |
| réglez | il réglerait | il aurait réglé |
| | nous réglerions | nous aurions réglé |
| | vous régleriez | vous auriez réglé |
| | ils régleraient | ils auraient réglé |

## SUBJUNCTIVE

| PRESENT | IMPERFECT | PERFECT |
|---|---|---|
| je règle | je réglasse | j'aie réglé |
| tu règles | tu réglasses | tu aies réglé |
| il règle | il réglât | il ait réglé |
| nous réglions | nous réglassions | nous ayons réglé |
| vous régliez | vous réglassiez | vous ayez réglé |
| ils règlent | ils réglassent | ils aient réglé |

| INFINITIVE | PARTICIPLE |
|---|---|
| PRESENT | PRESENT |
| régler | réglant |
| PAST | PAST |
| avoir réglé | réglé |

# REGNER
to reign

| PRESENT | IMPERFECT | FUTURE |
|---|---|---|
| je règne | je régnais | je régnerai |
| tu règnes | tu régnais | tu régneras |
| il règne | il régnait | il régnera |
| nous régnons | nous régnions | nous régnerons |
| vous régnez | vous régniez | vous régnerez |
| ils règnent | ils régnaient | ils régneront |

| PAST HISTORIC | PERFECT | PLUPERFECT |
|---|---|---|
| je régnai | j'ai régné | j'avais régné |
| tu régnas | tu as régné | tu avais régné |
| il régna | il a régné | il avait régné |
| nous régnâmes | nous avons régné | nous avions régné |
| vous régnâtes | vous avez régné | vous aviez régné |
| ils régnèrent | ils ont régné | ils avaient régné |

| PAST ANTERIOR | FUTURE PERFECT |
|---|---|
| j'eus régné etc | j'aurai régné etc |

| IMPERATIVE | CONDITIONAL | |
|---|---|---|
| | PRESENT | PAST |
| règne | je régnerais | j'aurais régné |
| régnons | tu régnerais | tu aurais régné |
| régnez | il régnerait | il aurait régné |
| | nous régnerions | nous aurions régné |
| | vous régneriez | vous auriez régné |
| | ils régneraient | ils auraient régné |

## SUBJUNCTIVE

| PRESENT | IMPERFECT | PERFECT |
|---|---|---|
| je règne | je régnasse | j'aie régné |
| tu règnes | tu régnasses | tu aies régné |
| il règne | il régnât | il ait régné |
| nous régnions | nous régnassions | nous ayons régné |
| vous régniez | vous régnassiez | vous ayez régné |
| ils règnent | ils régnassent | ils aient régné |

| INFINITIVE | PARTICIPLE |
|---|---|
| PRESENT | PRESENT |
| régner | régnant |
| PAST | PAST |
| avoir régné | régné |

| PRESENT | IMPERFECT | FUTURE |
|---|---|---|
| je renais | je renaissais | je renaîtrai |
| tu renais | tu renaissais | tu renaîtras |
| il renaît | il renaissait | il renaîtra |
| nous renaissons | nous renaissions | nous renaîtrons |
| vous renaissez | vous renaissiez | vous renaîtrez |
| ils renaissent | ils renaissaient | ils renaîtront |

| PAST HISTORIC | PERFECT | PLUPERFECT |
|---|---|---|
| je renaquis | | |
| tu renaquis | | |
| il renaquit | | |
| nous renaquîmes | | |
| vous renaquîtes | | |
| ils renaquirent | | |

| PAST ANTERIOR | FUTURE PERFECT |
|---|---|

---

| IMPERATIVE | CONDITIONAL | |
|---|---|---|
| | PRESENT | PAST |
| renais | je renaîtrais | |
| renaissons | tu renaîtrais | |
| renaissez | il renaîtrait | |
| | nous renaîtrions | |
| | vous renaîtriez | |
| | ils renaîtraient | |

---

| SUBJUNCTIVE | | |
|---|---|---|
| PRESENT | IMPERFECT | PERFECT |
| je renaisse | je renaquisse | |
| tu renaisses | tu renaquisses | |
| il renaisse | il renaquît | |
| nous renaissions | nous renaquissions | |
| vous renaissiez | vous renaquissiez | |
| ils renaissent | ils renaquissent | |

---

| INFINITIVE | PARTICIPLE |
|---|---|
| PRESENT | PRESENT |
| renaître | renaissant |
| PAST | PAST |

**RENDRE**
to give back

| PRESENT | IMPERFECT | FUTURE |
|---|---|---|
| je rends | je rendais | je rendrai |
| tu rends | tu rendais | tu rendras |
| il rend | il rendait | il rendra |
| nous rendons | nous rendions | nous rendrons |
| vous rendez | vous rendiez | vous rendrez |
| ils rendent | ils rendaient | ils rendront |

| PAST HISTORIC | PERFECT | PLUPERFECT |
|---|---|---|
| je rendis | j'ai rendu | j'avais rendu |
| tu rendis | tu as rendu | tu avais rendu |
| il rendit | il a rendu | il avait rendu |
| nous rendîmes | nous avons rendu | nous avions rendu |
| vous rendîtes | vous avez rendu | vous aviez rendu |
| ils rendirent | ils ont rendu | ils avaient rendu |

| PAST ANTERIOR | FUTURE PERFECT |
|---|---|
| j'eus rendu etc | j'aurai rendu etc |

| IMPERATIVE | CONDITIONAL | |
|---|---|---|
| | PRESENT | PAST |
| rends | je rendrais | j'aurais rendu |
| rendons | tu rendrais | tu aurais rendu |
| rendez | il rendrait | il aurait rendu |
| | nous rendrions | nous aurions rendu |
| | vous rendriez | vous auriez rendu |
| | ils rendraient | ils auraient rendu |

| SUBJUNCTIVE | | |
|---|---|---|
| PRESENT | IMPERFECT | PERFECT |
| je rende | je rendisse | j'aie rendu |
| tu rendes | tu rendisses | tu aies rendu |
| il rende | il rendît | il ait rendu |
| nous rendions | nous rendissions | nous ayons rendu |
| vous rendiez | vous rendissiez | vous ayez rendu |
| ils rendent | ils rendissent | ils aient rendu |

| INFINITIVE | PARTICIPLE |
|---|---|
| PRESENT | PRESENT |
| rendre | rendant |
| PAST | PAST |
| avoir rendu | rendu |

# RENTRER
to go home, to go in

| PRESENT | IMPERFECT | FUTURE |
|---|---|---|
| je rentre | je rentrais | je rentrerai |
| tu rentres | tu rentrais | tu rentreras |
| il rentre | il rentrait | il rentrera |
| nous rentrons | nous rentrions | nous rentrerons |
| vous rentrez | vous rentriez | vous rentrerez |
| ils rentrent | ils rentraient | ils rentreront |

| PAST HISTORIC | PERFECT | PLUPERFECT |
|---|---|---|
| je rentrai | je suis rentré | j'étais rentré |
| tu rentras | tu es rentré | tu étais rentré |
| il rentra | il est rentré | il était rentré |
| nous rentrâmes | nous sommes rentrés | nous étions rentrés |
| vous rentrâtes | vous êtes rentré(s) | vous étiez rentré(s) |
| ils rentrèrent | ils sont rentrés | ils étaient rentrés |

| PAST ANTERIOR | FUTURE PERFECT |
|---|---|
| je fus rentré etc | je serai rentré etc |

| IMPERATIVE | CONDITIONAL | |
|---|---|---|
| | PRESENT | PAST |
| rentre | je rentrerais | je serais rentré |
| rentrons | tu rentrerais | tu serais rentré |
| rentrez | il rentrerait | il serait rentré |
| | nous rentrerions | nous serions rentrés |
| | vous rentreriez | vous seriez rentré(s) |
| | ils rentreraient | ils seraient rentrés |

## SUBJUNCTIVE

| PRESENT | IMPERFECT | PERFECT |
|---|---|---|
| je rentre | je rentrasse | je sois rentré |
| tu rentres | tu rentrasses | tu sois rentré |
| il rentre | il rentrât | il soit rentré |
| nous rentrions | nous rentrassions | nous soyons rentrés |
| vous rentriez | vous rentrassiez | vous soyez rentré(s) |
| ils rentrent | ils rentrassent | ils soient rentrés |

| INFINITIVE | PARTICIPLE | NOTE |
|---|---|---|
| PRESENT | PRESENT | *auxiliary* avoir *when transitive* |
| rentrer | rentrant | |
| PAST | PAST | |
| être rentré | rentré | |

# 173

**REPANDRE**
to spread

| PRESENT | IMPERFECT | FUTURE |
|---|---|---|
| je répands | je répandais | je répandrai |
| tu répands | tu répandais | tu répandras |
| il répand | il répandait | il répandra |
| nous répandons | nous répandions | nous répandrons |
| vous répandez | vous répandiez | vous répandrez |
| ils répandent | ils répandaient | ils répandront |

| PAST HISTORIC | PERFECT | PLUPERFECT |
|---|---|---|
| je répandis | j'ai répandu | j'avais répandu |
| tu répandis | tu as répandu | tu avais répandu |
| il répandit | il a répandu | il avait répandu |
| nous répandîmes | nous avons répandu | nous avions répandu |
| vous répandîtes | vous avez répandu | vous aviez répandu |
| ils répandirent | ils ont répandu | ils avaient répandu |

| PAST ANTERIOR | FUTURE PERFECT |
|---|---|
| j'eus répandu etc | j'aurai répandu etc |

| IMPERATIVE | CONDITIONAL | |
|---|---|---|
| | PRESENT | PAST |
| répands | je répandrais | j'aurais répandu |
| répandons | tu répandrais | tu aurais répandu |
| répandez | il répandrait | il aurait répandu |
| | nous répandrions | nous aurions répandu |
| | vous répandriez | vous auriez répandu |
| | ils répandraient | ils auraient répandu |

## SUBJUNCTIVE

| PRESENT | IMPERFECT | PERFECT |
|---|---|---|
| je répande | je répandisse | j'aie répandu |
| tu répandes | tu répandisses | tu aies répandu |
| il répande | il répandît | il ait répandu |
| nous répandions | nous répandissions | nous ayons répandu |
| vous répandiez | vous répandissiez | vous ayez répandu |
| ils répandent | ils répandissent | ils aient répandu |

| INFINITIVE | PARTICIPLE |
|---|---|
| PRESENT | PRESENT |
| répandre | répandant |
| PAST | PAST |
| avoir répandu | répandu |

# REPONDRE
to answer

| PRESENT | IMPERFECT | FUTURE |
|---|---|---|
| je réponds | je répondais | je répondrai |
| tu réponds | tu répondais | tu répondras |
| il répond | il répondait | il répondra |
| nous répondons | nous répondions | nous répondrons |
| vous répondez | vous répondiez | vous répondrez |
| ils répondent | ils répondaient | ils répondront |

| PAST HISTORIC | PERFECT | PLUPERFECT |
|---|---|---|
| je répondis | j'ai répondu | j'avais répondu |
| tu répondis | tu as répondu | tu avais répondu |
| il répondit | il a répondu | il avait répondu |
| nous répondîmes | nous avons répondu | nous avions répondu |
| vous répondîtes | vous avez répondu | vous aviez répondu |
| ils répondirent | ils ont répondu | ils avaient répondu |

| PAST ANTERIOR | FUTURE PERFECT |
|---|---|
| j'eus répondu etc | j'aurai répondu etc |

| IMPERATIVE | CONDITIONAL | |
|---|---|---|
| | **PRESENT** | **PAST** |
| réponds | je répondrais | j'aurais répondu |
| répondons | tu répondrais | tu aurais répondu |
| répondez | il répondrait | il aurait répondu |
| | nous répondrions | nous aurions répondu |
| | vous répondriez | vous auriez répondu |
| | ils répondraient | ils auraient répondu |

## SUBJUNCTIVE

| PRESENT | IMPERFECT | PERFECT |
|---|---|---|
| je réponde | je répondisse | j'aie répondu |
| tu répondes | tu répondisses | tu aies répondu |
| il réponde | il répondît | il ait répondu |
| nous répondions | nous répondissions | nous ayons répondu |
| vous répondiez | vous répondissiez | vous ayez répondu |
| ils répondent | ils répondissent | ils aient répondu |

| INFINITIVE | PARTICIPLE |
|---|---|
| **PRESENT** | **PRESENT** |
| répondre | répondant |
| **PAST** | **PAST** |
| avoir répondu | répondu |

# 175

**RESOUDRE**
to solve

| PRESENT | IMPERFECT | FUTURE |
|---|---|---|
| je résous | je résolvais | je résoudrai |
| tu résous | tu résolvais | tu résoudras |
| il résout | il résolvait | il résoudra |
| nous résolvons | nous résolvions | nous résoudrons |
| vous résolvez | vous résolviez | vous résoudrez |
| ils résolvent | ils résolvaient | ils résoudront |

| PAST HISTORIC | PERFECT | PLUPERFECT |
|---|---|---|
| je résolus | j'ai résolu | j'avais résolu |
| tu résolus | tu as résolu | tu avais résolu |
| il résolut | il a résolu | il avait résolu |
| nous résolûmes | nous avons résolu | nous avions résolu |
| vous résolûtes | vous avez résolu | vous aviez résolu |
| ils résolurent | ils ont résolu | ils avaient résolu |

| PAST ANTERIOR | FUTURE PERFECT |
|---|---|
| j'eus résolu etc | j'aurai résolu etc |

| IMPERATIVE | CONDITIONAL | |
|---|---|---|
| | PRESENT | PAST |
| résous | je résoudrais | j'aurais résolu |
| résolvons | tu résoudrais | tu aurais résolu |
| résolvez | il résoudrait | il aurait résolu |
| | nous résoudrions | nous aurions résolu |
| | vous résoudriez | vous auriez résolu |
| | ils résoudraient | ils auraient résolu |

**SUBJUNCTIVE**

| PRESENT | IMPERFECT | PERFECT |
|---|---|---|
| je résolve | je résolusse | j'aie résolu |
| tu résolves | tu résolusses | tu aies résolu |
| il résolve | il résolût | il ait résolu |
| nous résolvions | nous résolussions | nous ayons résolu |
| vous résolviez | vous résolussiez | vous ayez résolu |
| ils résolvent | ils résolussent | ils aient résolu |

| INFINITIVE | PARTICIPLE |
|---|---|
| PRESENT | PRESENT |
| résoudre | résolvant |
| PAST | PAST |
| avoir résolu | résolu |

| PRESENT | IMPERFECT | FUTURE |
|---|---|---|
| je reste | je restais | je resterai |
| tu restes | tu restais | tu resteras |
| il reste | il restait | il restera |
| nous restons | nous restions | nous resterons |
| vous restez | vous restiez | vous resterez |
| ils restent | ils restaient | ils resteront |

| PAST HISTORIC | PERFECT | PLUPERFECT |
|---|---|---|
| je restai | je suis resté | j'étais resté |
| tu restas | tu es resté | tu étais resté |
| il resta | il est resté | il était resté |
| nous restâmes | nous sommes restés | nous étions restés |
| vous restâtes | vous êtes resté(s) | vous étiez resté(s) |
| ils restèrent | ils sont restés | ils étaient restés |

| PAST ANTERIOR | FUTURE PERFECT |
|---|---|
| je fus resté etc | je serai resté etc |

| IMPERATIVE | CONDITIONAL | |
|---|---|---|
| | PRESENT | PAST |
| reste | je resterais | je serais resté |
| restons | tu resterais | tu serais resté |
| restez | il resterait | il serait resté |
| | nous resterions | nous serions restés |
| | vous resteriez | vous seriez restés |
| | ils resteraient | ils seraient restés |

| SUBJUNCTIVE | | |
|---|---|---|
| PRESENT | IMPERFECT | PERFECT |
| je reste | je restasse | je sois resté |
| tu restes | tu restasses | tu sois resté |
| il reste | il restât | il soit resté |
| nous restions | nous restassions | nous soyons restés |
| vous restiez | vous restassiez | vous soyez resté(s) |
| ils restent | ils restassent | ils soient restés |

| INFINITIVE | PARTICIPLE |
|---|---|
| PRESENT | PRESENT |
| rester | restant |
| PAST | PAST |
| être resté | resté |

# 177

## RETOURNER
### to return

| PRESENT | IMPERFECT | FUTURE |
|---|---|---|
| je retourne | je retournais | je retournerai |
| tu retournes | tu retournais | tu retourneras |
| il retourne | il retournait | il retournera |
| nous retournons | nous retournions | nous retournerons |
| vous retournez | vous retourniez | vous retournerez |
| ils retournent | ils retournaient | ils retourneront |

| PAST HISTORIC | PERFECT | PLUPERFECT |
|---|---|---|
| je retournai | je suis retourné | j'étais retourné |
| tu retournas | tu es retourné | tu étais retourné |
| il retourna | il est retourné | il était retourné |
| nous retournâmes | nous sommes retournés | nous étions retournés |
| vous retournâtes | vous êtes retourné(s) | vous étiez retourné(s) |
| ils retournèrent | ils sont retournés | ils étaient retournés |

| PAST ANTERIOR | FUTURE PERFECT |
|---|---|
| je fus retourné etc | je serai retourné etc |

| IMPERATIVE | CONDITIONAL | |
|---|---|---|
| | PRESENT | PAST |
| retourne | je retournerais | je serais retourné |
| retournons | tu retournerais | tu serais retourné |
| retournez | il retournerait | il serait retourné |
| | nous retournerions | nous serions retournés |
| | vous retourneriez | vous seriez retourné(s) |
| | ils retourneraient | ils seraient retournés |

## SUBJUNCTIVE

| PRESENT | IMPERFECT | PERFECT |
|---|---|---|
| je retourne | je retournasse | je sois retourné |
| tu retournes | tu retournasses | tu sois retourné |
| il retourne | il retournât | il soit retourné |
| nous retournions | nous retournassions | nous soyons retournés |
| vous retourniez | vous retournassiez | vous soyez retourné(s) |
| ils retournent | ils retournassent | ils soient retournés |

| INFINITIVE | PARTICIPLE | NOTE |
|---|---|---|
| PRESENT | PRESENT | *auxiliary* avoir *when* |
| retourner | retournant | *transitive* |
| PAST | PAST | |
| être retourné | retourné | |

# REVELER
to reveal

| PRESENT | IMPERFECT | FUTURE |
|---|---|---|
| je révèle | je révélais | je révélerai |
| tu révèles | tu révélais | tu révéleras |
| il révèle | il révélait | il révélera |
| nous révélons | nous révélions | nous révélerons |
| vous révélez | vous révéliez | vous révélerez |
| ils révèlent | ils révélaient | ils révéleront |

| PAST HISTORIC | PERFECT | PLUPERFECT |
|---|---|---|
| je révélai | j'ai révélé | j'avais révélé |
| tu révélas | tu as révélé | tu avais révélé |
| il révéla | il a révélé | il avait révélé |
| nous révélâmes | nous avons révélé | nous avions révélé |
| vous révélâtes | vous avez révélé | vous aviez révélé |
| ils révélèrent | ils ont révélé | ils avaient révélé |

| PAST ANTERIOR | FUTURE PERFECT |
|---|---|
| j'eus révélé etc | j'aurai révélé etc |

| IMPERATIVE | CONDITIONAL | |
|---|---|---|
| | PRESENT | PAST |
| révèle | je révélerais | j'aurais révélé |
| révélons | tu révélerais | tu aurais révélé |
| révélez | il révélerait | il aurait révélé |
| | nous révélerions | nous aurions révélé |
| | vous révéleriez | vous auriez révélé |
| | ils révéleraient | ils auraient révélé |

## SUBJUNCTIVE

| PRESENT | IMPERFECT | PERFECT |
|---|---|---|
| je révèle | je révélasse | j'aie révélé |
| tu révèles | tu révélasses | tu aies révélé |
| il révèle | il révélât | il ait révélé |
| nous révélions | nous révélassions | nous ayons révélé |
| vous révéliez | vous révélassiez | vous ayez révélé |
| ils révèlent | ils révélassent | ils aient révélé |

| INFINITIVE | PARTICIPLE |
|---|---|
| PRESENT | PRESENT |
| révéler | révélant |
| PAST | PAST |
| avoir révélé | révélé |

# REVENIR
to come back

| PRESENT | IMPERFECT | FUTURE |
|---|---|---|
| je reviens | je revenais | je reviendrai |
| tu reviens | tu revenais | tu reviendras |
| il revient | il revenait | il reviendra |
| nous revenons | nous revenions | nous reviendrons |
| vous revenez | vous reveniez | vous reviendrez |
| ils reviennent | ils revenaient | ils reviendront |

| PAST HISTORIC | PERFECT | PLUPERFECT |
|---|---|---|
| je revins | je suis revenu | j'étais revenu |
| tu revins | tu es revenu | tu étais revenu |
| il revint | il est revenu | il était revenu |
| nous revînmes | nous sommes revenus | nous étions revenus |
| vous revîntes | vous êtes revenu(s) | vous étiez revenu(s) |
| ils revinrent | ils sont revenus | ils étaient revenus |

| PAST ANTERIOR | FUTURE PERFECT |
|---|---|
| je fus revenu etc | je serai revenu etc |

| IMPERATIVE | CONDITIONAL | |
|---|---|---|
| | PRESENT | PAST |
| reviens | je reviendrais | je serais revenu |
| revenons | tu reviendrais | tu serais revenu |
| revenez | il reviendrait | il serait revenu |
| | nous reviendrions | nous serions revenus |
| | vous reviendriez | vous seriez revenu(s) |
| | ils reviendraient | ils seraient revenus |

| SUBJUNCTIVE | | |
|---|---|---|
| PRESENT | IMPERFECT | PERFECT |
| je revienne | je revinsse | je sois revenu |
| tu reviennes | tu revinsses | tu sois revenu |
| il revienne | il revînt | il soit revenu |
| nous revenions | nous revinssions | nous soyons revenus |
| vous reveniez | vous revinssiez | vous soyez revenu(s) |
| ils reviennent | ils revinssent | ils soient revenus |

| INFINITIVE | PARTICIPLE |
|---|---|
| PRESENT | PRESENT |
| revenir | revenant |
| PAST | PAST |
| être revenu | revenu |

to laugh

| PRESENT | IMPERFECT | FUTURE |
|---|---|---|
| je ris | je riais | je rirai |
| tu ris | tu riais | tu riras |
| il rit | il riait | il rira |
| nous rions | nous riions | nous rirons |
| vous riez | vous riiez | vous rirez |
| ils rient | ils riaient | ils riront |

| PAST HISTORIC | PERFECT | PLUPERFECT |
|---|---|---|
| je ris | j'ai ri | j'avais ri |
| tu ris | tu as ri | tu avais ri |
| il rit | il a ri | il avait ri |
| nous rîmes | nous avons ri | nous avions ri |
| vous rîtes | vous avez ri | vous aviez ri |
| ils rirent | ils ont ri | ils avaient ri |

| PAST ANTERIOR | FUTURE PERFECT |
|---|---|
| j'eus ri etc | j'aurai ri etc |

| IMPERATIVE | CONDITIONAL | |
|---|---|---|
| | PRESENT | PAST |
| ris | je rirais | j'aurais ri |
| rions | tu rirais | tu aurais ri |
| riez | il rirait | il aurait ri |
| | nous ririons | nous aurions ri |
| | vous ririez | vous auriez ri |
| | ils riraient | ils auraient ri |

### SUBJUNCTIVE

| PRESENT | IMPERFECT | PERFECT |
|---|---|---|
| je rie | je risse | j'aie ri |
| tu ries | tu risses | tu aies ri |
| il rie | il rît | il ait ri |
| nous riions | nous rissions | nous ayons ri |
| vous riiez | vous rissiez | vous ayez ri |
| ils rient | ils rissent | ils aient ri |

| INFINITIVE | PARTICIPLE |
|---|---|
| PRESENT | PRESENT |
| rire | riant |
| PAST | PAST |
| avoir ri | ri |

# ROMPRE
to break

| PRESENT | IMPERFECT | FUTURE |
|---|---|---|
| je romps | je rompais | je romprai |
| tu romps | tu rompais | tu rompras |
| il rompt | il rompait | il rompra |
| nous rompons | nous rompions | nous romprons |
| vous rompez | vous rompiez | vous romprez |
| ils rompent | ils rompaient | ils rompront |

| PAST HISTORIC | PERFECT | PLUPERFECT |
|---|---|---|
| je rompis | j'ai rompu | j'avais rompu |
| tu rompis | tu as rompu | tu avais rompu |
| il rompit | il a rompu | il avait rompu |
| nous rompîmes | nous avons rompu | nous avions rompu |
| vous rompîtes | vous avez rompu | vous aviez rompu |
| ils rompirent | ils ont rompu | ils avaient rompu |

| PAST ANTERIOR | FUTURE PERFECT |
|---|---|
| j'eus rompu etc | j'aurai rompu etc |

| IMPERATIVE | CONDITIONAL | |
|---|---|---|
| | PRESENT | PAST |
| romps | je romprais | j'aurais rompu |
| rompons | tu romprais | tu aurais rompu |
| rompez | il romprait | il aurait rompu |
| | nous romprions | nous aurions rompu |
| | vous rompriez | vous auriez rompu |
| | ils rompraient | ils auraient rompu |

## SUBJUNCTIVE

| PRESENT | IMPERFECT | PERFECT |
|---|---|---|
| je rompe | je rompisse | j'aie rompu |
| tu rompes | tu rompisses | tu aies rompu |
| il rompe | il rompît | il ait rompu |
| nous rompions | nous rompissions | nous ayons rompu |
| vous rompiez | vous rompissiez | vous ayez rompu |
| ils rompent | ils rompissent | ils aient rompu |

| INFINITIVE | PARTICIPLE |
|---|---|
| PRESENT | PRESENT |
| rompre | rompant |
| PAST | PAST |
| avoir rompu | rompu |

# SAILLIR
to stick out

| **PRESENT** | **IMPERFECT** | **FUTURE** |
|---|---|---|
| il saille | il saillait | il saillera |
| ils saillent | ils saillaient | ils sailleront |

| **PAST HISTORIC** | **PERFECT** | **PLUPERFECT** |
|---|---|---|
| il saillit | il a sailli | il avait sailli |
| ils saillirent | ils ont sailli | ils avaient sailli |

| **PAST ANTERIOR** | **FUTURE PERFECT** |
|---|---|
| il eut sailli etc | il aura sailli etc |

| *IMPERATIVE* | *CONDITIONAL* | | |
|---|---|---|---|
| | **PRESENT** | **PAST** | |
| | il saillerait | il aurait sailli | |
| | ils sailleraient | ils auraient sailli | |

*SUBJUNCTIVE*

| **PRESENT** | **IMPERFECT** | **PERFECT** |
|---|---|---|
| il saille | il saillît | il ait sailli |
| ils saillent | ils saillissent | ils aient sailli |

| *INFINITIVE* | *PARTICIPLE* |
|---|---|
| **PRESENT** | **PRESENT** |
| saillir | saillant |
| **PAST** | **PAST** |
| avoir sailli | sailli |

# 183

## SAVOIR
to know

| PRESENT | IMPERFECT | FUTURE |
|---------|-----------|--------|
| je sais | je savais | je saurai |
| tu sais | tu savais | tu sauras |
| il sait | il savait | il saura |
| nous savons | nous savions | nous saurons |
| vous savez | vous saviez | vous saurez |
| ils savent | ils savaient | ils sauront |

| PAST HISTORIC | PERFECT | PLUPERFECT |
|---------------|---------|------------|
| je sus | j'ai su | j'avais su |
| tu sus | tu as su | tu avais su |
| il sut | il a su | il avait su |
| nous sûmes | nous avons su | nous avions su |
| vous sûtes | vous avez su | vous aviez su |
| ils surent | ils ont su | ils avaient su |

| PAST ANTERIOR | FUTURE PERFECT |
|---------------|----------------|
| j'eus su etc | j'aurai su etc |

| IMPERATIVE | CONDITIONAL | |
|------------|-------------|--|
| | PRESENT | PAST |
| sache | je saurais | j'aurais su |
| sachons | tu saurais | tu aurais su |
| sachez | il saurait | il aurait su |
| | nous saurions | nous aurions su |
| | vous sauriez | vous auriez su |
| | ils sauraient | ils auraient su |

## SUBJUNCTIVE

| PRESENT | IMPERFECT | PERFECT |
|---------|-----------|---------|
| je sache | je susse | j'aie su |
| tu saches | tu susses | tu aies su |
| il sache | il sût | il ait su |
| nous sachions | nous sussions | nous ayons su |
| vous sachiez | vous sussiez | vous ayez su |
| ils sachent | ils sussent | ils aient su |

| INFINITIVE | PARTICIPLE |
|------------|------------|
| PRESENT | PRESENT |
| savoir | sachant |
| PAST | PAST |
| avoir su | su |

to dry

| PRESENT | IMPERFECT | FUTURE |
|---|---|---|
| je sèche | je séchais | je sécherai |
| tu sèches | tu séchais | tu sécheras |
| il sèche | il séchait | il séchera |
| nous séchons | nous séchions | nous sécherons |
| vous séchez | vous séchiez | vous sécherez |
| ils sèchent | ils séchaient | ils sécheront |

| PAST HISTORIC | PERFECT | PLUPERFECT |
|---|---|---|
| je séchai | j'ai séché | j'avais séché |
| tu séchas | tu as séché | tu avais séché |
| il sécha | il a séché | il avait séché |
| nous séchâmes | nous avons séché | nous avions séché |
| vous séchâtes | vous avez séché | vous aviez séché |
| ils séchèrent | ils ont séché | ils avaient séché |

| PAST ANTERIOR | FUTURE PERFECT |
|---|---|
| j'eus séché etc | j'aurai séché etc |

| IMPERATIVE | CONDITIONAL | |
|---|---|---|
| | PRESENT | PAST |
| sèche | je sécherais | j'aurais séché |
| séchons | tu sécherais | tu aurais séché |
| séchez | il sécherait | il aurait séché |
| | nous sécherions | nous aurions séché |
| | vous sécheriez | vous auriez séché |
| | ils sécheraient | ils auraient séché |

| SUBJUNCTIVE | | |
|---|---|---|
| PRESENT | IMPERFECT | PERFECT |
| je sèche | je séchasse | j'aie séché |
| tu sèches | tu séchasses | tu aies séché |
| il sèche | il séchât | il ait séché |
| nous séchions | nous séchassions | nous ayons séché |
| vous séchiez | vous séchassiez | vous ayez séché |
| ils sèchent | ils séchassent | ils aient séché |

| INFINITIVE | PARTICIPLE |
|---|---|
| PRESENT | PRESENT |
| sécher | séchant |
| PAST | PAST |
| avoir séché | séché |

# 185 SEMER
to sow

| PRESENT | IMPERFECT | FUTURE |
|---|---|---|
| je sème | je semais | je sèmerai |
| tu sèmes | tu semais | tu sèmeras |
| il sème | il semait | il sèmera |
| nous semons | nous semions | nous sèmerons |
| vous semez | vous semiez | vous sèmerez |
| ils sèment | ils semaient | ils sèmeront |

| PAST HISTORIC | PERFECT | PLUPERFECT |
|---|---|---|
| je semai | j'ai semé | j'avais semé |
| tu semas | tu as semé | tu avais semé |
| il sema | il a semé | il avait semé |
| nous semâmes | nous avons semé | nous avions semé |
| vous semâtes | vous avez semé | vous aviez semé |
| ils semèrent | ils ont semé | ils avaient semé |

| PAST ANTERIOR | FUTURE PERFECT |
|---|---|
| j'eus semé etc | j'aurai semé etc |

| IMPERATIVE | CONDITIONAL | |
|---|---|---|
| | PRESENT | PAST |
| sème | je sèmerais | j'aurais semé |
| semons | tu sèmerais | tu aurais semé |
| semez | il sèmerait | il aurait semé |
| | nous sèmerions | nous aurions semé |
| | vous sèmeriez | vous auriez semé |
| | ils sèmeraient | ils auraient semé |

| SUBJUNCTIVE | | |
|---|---|---|
| PRESENT | IMPERFECT | PERFECT |
| je sème | je semasse | j'aie semé |
| tu sèmes | tu semasses | tu aies semé |
| il sème | il semât | il ait semé |
| nous semions | nous semassions | nous ayons semé |
| vous semiez | vous semassiez | vous ayez semé |
| ils sèment | ils semassent | ils aient semé |

| INFINITIVE | PARTICIPLE |
|---|---|
| PRESENT | PRESENT |
| semer | semant |
| PAST | PAST |
| avoir semé | semé |

**SENTIR**
to feel, to smell

| **PRESENT** | **IMPERFECT** | **FUTURE** |
|---|---|---|
| je sens | je sentais | je sentirai |
| tu sens | tu sentais | tu sentiras |
| il sent | il sentait | il sentira |
| nous sentons | nous sentions | nous sentirons |
| vous sentez | vous sentiez | vous sentirez |
| ils sentent | ils sentaient | ils sentiront |

| **PAST HISTORIC** | **PERFECT** | **PLUPERFECT** |
|---|---|---|
| je sentis | j'ai senti | j'avais senti |
| tu sentis | tu as senti | tu avais senti |
| il sentit | il a senti | il avait senti |
| nous sentîmes | nous avons senti | nous avions senti |
| vous sentîtes | vous avez senti | vous aviez senti |
| ils sentirent | ils ont senti | ils avaient senti |

| **PAST ANTERIOR** | **FUTURE PERFECT** |
|---|---|
| j'eus senti etc | j'aurai senti etc |

| *IMPERATIVE* | *CONDITIONAL* | |
|---|---|---|
| | **PRESENT** | **PAST** |
| sens | je sentirais | j'aurais senti |
| sentons | tu sentirais | tu aurais senti |
| sentez | il sentirait | il aurait senti |
| | nous sentirions | nous aurions senti |
| | vous sentiriez | vous auriez senti |
| | ils sentiraient | ils auraient senti |

| *SUBJUNCTIVE* | | |
|---|---|---|
| **PRESENT** | **IMPERFECT** | **PERFECT** |
| je sente | je sentisse | j'aie senti |
| tu sentes | tu sentisses | tu aies senti |
| il sente | il sentît | il ait senti |
| nous sentions | nous sentissions | nous ayons senti |
| vous sentiez | vous sentissiez | vous ayez senti |
| ils sentent | ils sentissent | ils aient senti |

| *INFINITIVE* | *PARTICIPLE* |
|---|---|
| **PRESENT** | **PRESENT** |
| sentir | sentant |
| **PAST** | **PAST** |
| avoir senti | senti |

# 187 SEOIR
to be becoming

| PRESENT | IMPERFECT | FUTURE |
|---------|-----------|--------|
| il sied | il seyait | il siéra |
| ils siéent | ils seyaient | ils siéront |

| PAST HISTORIC | PERFECT | PLUPERFECT |
|---------------|---------|------------|

| PAST ANTERIOR | FUTURE PERFECT |
|---------------|----------------|

| IMPERATIVE | CONDITIONAL | |
|------------|-------------|---|
| | PRESENT | PAST |
| | il siérait | |
| | ils siéraient | |

| SUBJUNCTIVE | | |
|-------------|-----------|---------|
| PRESENT | IMPERFECT | PERFECT |
| il siée | | |
| ils siéent | | |

| INFINITIVE | PARTICIPLE |
|------------|------------|
| PRESENT | PRESENT |
| seoir | seyant |
| PAST | PAST |

# SERRER
to tighten

| PRESENT | IMPERFECT | FUTURE |
|---|---|---|
| je serre | je serrais | je serrerai |
| tu serres | tu serrais | tu serreras |
| il serre | il serrait | il serrera |
| nous serrons | nous serrions | nous serrerons |
| vous serrez | vous serriez | vous serrerez |
| ils serrent | ils serraient | ils serreront |

| PAST HISTORIC | PERFECT | PLUPERFECT |
|---|---|---|
| je serrai | j'ai serré | j'avais serré |
| tu serras | tu as serré | tu avais serré |
| il serra | il a serré | il avait serré |
| nous serrâmes | nous avons serré | nous avions serré |
| vous serrâtes | vous avez serré | vous aviez serré |
| ils serrèrent | ils ont serré | ils avaient serré |

| PAST ANTERIOR | FUTURE PERFECT |
|---|---|
| j'eus serré etc | j'aurai serré etc |

| IMPERATIVE | CONDITIONAL | |
|---|---|---|
| | PRESENT | PAST |
| serre | je serrerais | j'aurais serré |
| serrons | tu serrerais | tu aurais serré |
| serrez | il serrerait | il aurait serré |
| | nous serrerions | nous aurions serré |
| | vous serreriez | vous auriez serré |
| | ils serreraient | ils auraient serré |

## SUBJUNCTIVE

| PRESENT | IMPERFECT | PERFECT |
|---|---|---|
| je serre | je serrasse | j'aie serré |
| tu serres | tu serrasses | tu aies serré |
| il serre | il serrât | il ait serré |
| nous serrions | nous serrassions | nous ayons serré |
| vous serriez | vous serrassiez | vous ayez serré |
| ils serrent | ils serrassent | ils aient serré |

| INFINITIVE | PARTICIPLE |
|---|---|
| PRESENT | PRESENT |
| serrer | serrant |
| PAST | PAST |
| avoir serré | serré |

**SERVIR**
to serve

| PRESENT | IMPERFECT | FUTURE |
|---|---|---|
| je sers | je servais | je servirai |
| tu sers | tu servais | tu serviras |
| il sert | il servait | il servira |
| nous servons | nous servions | nous servirons |
| vous servez | vous serviez | vous servirez |
| ils servent | ils servaient | ils serviront |

| PAST HISTORIC | PERFECT | PLUPERFECT |
|---|---|---|
| je servis | j'ai servi | j'avais servi |
| tu servis | tu as servi | tu avais servi |
| il servit | il a servi | il avait servi |
| nous servîmes | nous avons servi | nous avions servi |
| vous servîtes | vous avez servi | vous aviez servi |
| ils servirent | ils ont servi | ils avaient servi |

| PAST ANTERIOR | FUTURE PERFECT |
|---|---|
| j'eus servi etc | j'aurai servi etc |

| *IMPERATIVE* | *CONDITIONAL* | |
|---|---|---|
| | PRESENT | PAST |
| sers | je servirais | j'aurais servi |
| servons | tu servirais | tu aurais servi |
| servez | il servirait | il aurait servi |
| | nous servirions | nous aurions servi |
| | vous serviriez | vous auriez servi |
| | ils serviraient | ils auraient servi |

| *SUBJUNCTIVE* | | |
|---|---|---|
| PRESENT | IMPERFECT | PERFECT |
| je serve | je servisse | j'aie servi |
| tu serves | tu servisses | tu aies servi |
| il serve | il servît | il ait servi |
| nous servions | nous servissions | nous ayons servi |
| vous serviez | vous servissiez | vous ayez servi |
| ils servent | ils servissent | ils aient servi |

| *INFINITIVE* | *PARTICIPLE* |
|---|---|
| PRESENT | PRESENT |
| servir | servant |
| PAST | PAST |
| avoir servi | servi |

# SEVRER
to wean

| PRESENT | IMPERFECT | FUTURE |
|---|---|---|
| je sèvre | je sevrais | je sèvrerai |
| tu sèvres | tu sevrais | tu sèvreras |
| il sèvre | il sevrait | il sèvrera |
| nous sevrons | nous sevrions | nous sèvrerons |
| vous sevrez | vous sevriez | vous sèvrerez |
| ils sèvrent | ils sevraient | ils sèvreront |

| PAST HISTORIC | PERFECT | PLUPERFECT |
|---|---|---|
| je sevrai | j'ai sevré | j'avais sevré |
| tu sevras | tu as sevré | tu avais sevré |
| il sevra | il a sevré | il avait sevré |
| nous sevrâmes | nous avons sevré | nous avions sevré |
| vous sevrâtes | vous avez sevré | vous aviez sevré |
| ils sevrèrent | ils ont sevré | ils avaient sevré |

| PAST ANTERIOR | FUTURE PERFECT |
|---|---|
| j'eus sevré etc | j'aurai sevré etc |

| IMPERATIVE | CONDITIONAL | |
|---|---|---|
| | PRESENT | PAST |
| sèvre | je sèvrerais | j'aurais sevré |
| sevrons | tu sèvrerais | tu aurais sevré |
| sevrez | il sèvrerait | il aurait sevré |
| | nous sèvrerions | nous aurions sevré |
| | vous sèvreriez | vous auriez sevré |
| | ils sèvreraient | ils auraient sevré |

## SUBJUNCTIVE

| PRESENT | IMPERFECT | PERFECT |
|---|---|---|
| je sèvre | je sevrasse | j'aie sevré |
| tu sèvres | tu sevrasses | tu aies sevré |
| il sèvre | il sevrât | il ait sevré |
| nous sevrions | nous sevrassions | nous ayons sevré |
| vous sevriez | vous sevrassiez | vous ayez sevré |
| ils sèvrent | ils sevrassent | ils aient sevré |

| INFINITIVE | PARTICIPLE |
|---|---|
| PRESENT | PRESENT |
| sevrer | sevrant |
| PAST | PAST |
| avoir sevré | sevré |

## SORTIR
to go out

| PRESENT | IMPERFECT | FUTURE |
|---|---|---|
| je sors | je sortais | je sortirai |
| tu sors | tu sortais | tu sortiras |
| il sort | il sortait | il sortira |
| nous sortons | nous sortions | nous sortirons |
| vous sortez | vous sortiez | vous sortirez |
| ils sortent | ils sortaient | ils sortiront |

| PAST HISTORIC | PERFECT | PLUPERFECT |
|---|---|---|
| je sortis | je suis sorti | j'étais sorti |
| tu sortis | tu es sorti | tu étais sorti |
| il sortit | il est sorti | il était sorti |
| nous sortîmes | nous sommes sortis | nous étions sortis |
| vous sortîtes | vous êtes sorti(s) | vous étiez sorti(s) |
| ils sortirent | ils sont sortis | ils étaient sortis |

| PAST ANTERIOR | FUTURE PERFECT |
|---|---|
| je fus sorti etc | je serai sorti etc |

| IMPERATIVE | CONDITIONAL | |
|---|---|---|
| | PRESENT | PAST |
| sors | je sortirais | je serais sorti |
| sortons | tu sortirais | tu serais sorti |
| sortez | il sortirait | il serait sorti |
| | nous sortirions | nous serions sortis |
| | vous sortiriez | vous seriez sorti(s) |
| | ils sortiraient | ils seraient sortis |

| SUBJUNCTIVE | | |
|---|---|---|
| PRESENT | IMPERFECT | PERFECT |
| je sorte | je sortisse | je sois sorti |
| tu sortes | tu sortisses | tu sois sorti |
| il sorte | il sortît | il soit sorti |
| nous sortions | nous sortissions | nous soyons sortis |
| vous sortiez | vous sortissiez | vous soyez sorti(s) |
| ils sortent | ils sortissent | ils soient sortis |

| INFINITIVE | PARTICIPLE |
|---|---|
| PRESENT | PRESENT |
| sortir | sortant |
| PAST | PAST |
| être sorti | sorti |

# SE SOUVENIR
to remember

**192**

### PRESENT
je me souviens
tu te souviens
il se souvient
nous nous souvenons
vous vous souvenez
ils se souviennent

### IMPERFECT
je me souvenais
tu te souvenais
il se souvenait
nous nous souvenions
vous vous souveniez
ils se souvenaient

### FUTURE
je me souviendrai
tu te souviendras
il se souviendra
nous nous souviendrons
vous vous souviendrez
ils se souviendront

### PAST HISTORIC
je me souvins
tu te souvins
il se souvint
nous nous souvînmes
vous vous souvîntes
ils se souvinrent

### PERFECT
je me suis souvenu
tu t'es souvenu
il s'est souvenu
nous ns. sommes souvenus
vous vs. êtes souvenu(s)
ils se sont souvenus

### PLUPERFECT
je m'étais souvenu
tu t'étais souvenu
il s'était souvenu
nous ns. étions souvenus
vous vs. étiez souvenu(s)
ils s'étaient souvenus

### PAST ANTERIOR
je me fus souvenu etc

### FUTURE PERFECT
je me serai souvenu etc

### IMPERATIVE

souviens-toi
souvenons-nous
souvenez-vous

### CONDITIONAL
#### PRESENT
je me souviendrais
tu te souviendrais
il se souviendrait
nous ns. souviendrions
vous vous souviendriez
ils se souviendraient

#### PAST
je me serais souvenu
tu te serais souvenu
il se serait souvenu
nous ns. serions souvenus
vous vs. seriez souvenu(s)
ils se seraient souvenus

### SUBJUNCTIVE
#### PRESENT
je me souvienne
tu te souviennes
il se souvienne
nous nous souvenions
vous vous souveniez
ils se souviennent

#### IMPERFECT
je me souvinsse
tu te souvinsses
il se souvînt
nous nous souvinssions
vous vous souvinssiez
ils se souvinssent

#### PERFECT
je me sois souvenu
tu te sois souvenu
il se soit souvenu
nous ns. soyons souvenus
vous vs. soyez souvenu(s)
ils se soient souvenus

### INFINITIVE
#### PRESENT
se souvenir
#### PAST
s'être souvenu

### PARTICIPLE
#### PRESENT
se souvenant
#### PAST
souvenu

# 193 STUPEFAIRE
to astound

| PRESENT | IMPERFECT | FUTURE |
|---|---|---|
| il stupéfait | | |

| PAST HISTORIC | PERFECT | PLUPERFECT |
|---|---|---|
| | j'ai stupéfait | j'avais stupéfait |
| | tu as stupéfait | tu avais stupéfait |
| | il a stupéfait | il avait stupéfait |
| | nous avons stupéfait | nous avions stupéfait |
| | vous avez stupéfait | vous aviez stupéfait |
| | ils ont stupéfait | ils avaient stupéfait |

| PAST ANTERIOR | FUTURE PERFECT |
|---|---|
| j'eus stupéfait etc | j'aurai stupéfait etc |

| IMPERATIVE | CONDITIONAL | |
|---|---|---|
| | PRESENT | PAST |
| | | j'aurais stupéfait |
| | | tu aurais stupéfait |
| | | il aurait stupéfait |
| | | nous aurions stupéfait |
| | | vous auriez stupéfait |
| | | ils auraient stupéfait |

| SUBJUNCTIVE | | |
|---|---|---|
| PRESENT | IMPERFECT | PERFECT |
| | | j'aie stupéfait |
| | | tu aies stupéfait |
| | | il ait stupéfait |
| | | nous ayons stupéfait |
| | | vous ayez stupéfait |
| | | ils aient stupéfait |

| INFINITIVE | PARTICIPLE |
|---|---|
| PRESENT | PRESENT |
| stupéfaire | |
| PAST | PAST |
| avoir stupéfait | stupéfait |

# SUFFIRE
to be sufficient

**194**

## PRESENT

je suffis
tu suffis
il suffit
nous suffisons
vous suffisez
ils suffisent

## IMPERFECT

je suffisais
tu suffisais
il suffisait
nous suffisions
vous suffisiez
ils suffisaient

## FUTURE

je suffirai
tu suffiras
il suffira
nous suffirons
vous suffirez
ils suffiront

## PAST HISTORIC

je suffis
tu suffis
il suffit
nous suffîmes
vous suffîtes
ils suffirent

## PERFECT

j'ai suffi
tu as suffi
il a suffi
nous avons suffi
vous avez suffi
ils ont suffi

## PLUPERFECT

j'avais suffi
tu avais suffi
il avait suffi
nous avions suffi
vous aviez suffi
ils avaient suffi

## PAST ANTERIOR

j'eus suffi etc

## FUTURE PERFECT

j'aurai suffi etc

## IMPERATIVE

suffis
suffisons
suffisez

## CONDITIONAL

### PRESENT

je suffirais
tu suffirais
il suffirait
nous suffirions
vous suffiriez
ils suffiraient

### PAST

j'aurais suffi
tu aurais suffi
il aurait suffi
nous aurions suffi
vous auriez suffi
ils auraient suffi

## SUBJUNCTIVE

### PRESENT

je suffise
tu suffises
il suffise
nous suffisions
vous suffisiez
ils suffisent

### IMPERFECT

je suffisse
tu suffisses
il suffît
nous suffissions
vous suffissiez
ils suffissent

### PERFECT

j'aie suffi
tu aies suffi
il ait suffi
nous ayons suffi
vous ayez suffi
ils aient suffi

## INFINITIVE

### PRESENT

suffire

### PAST

avoir suffi

## PARTICIPLE

### PRESENT

suffisant

### PAST

suffi

## NOTE

circoncire: *past participle* circoncis

**SUIVRE**
to follow

| PRESENT | IMPERFECT | FUTURE |
|---------|-----------|--------|
| je suis | je suivais | je suivrai |
| tu suis | tu suivais | tu suivras |
| il suit | il suivait | il suivra |
| nous suivons | nous suivions | nous suivrons |
| vous suivez | vous suiviez | vous suivrez |
| ils suivent | ils suivaient | ils suivront |

| PAST HISTORIC | PERFECT | PLUPERFECT |
|---------------|---------|------------|
| je suivis | j'ai suivi | j'avais suivi |
| tu suivis | tu as suivi | tu avais suivi |
| il suivit | il a suivi | il avait suivi |
| nous suivîmes | nous avons suivi | nous avions suivi |
| vous suivîtes | vous avez suivi | vous aviez suivi |
| ils suivirent | ils ont suivi | ils avaient suivi |

| PAST ANTERIOR | FUTURE PERFECT |
|---------------|----------------|
| j'eus suivi etc | j'aurai suivi etc |

| IMPERATIVE | CONDITIONAL | |
|------------|-------------|---|
| | PRESENT | PAST |
| suis | je suivrais | j'aurais suivi |
| suivons | tu suivrais | tu aurais suivi |
| suivez | il suivrait | il aurait suivi |
| | nous suivrions | nous aurions suivi |
| | vous suivriez | vous auriez suivi |
| | ils suivraient | ils auraient suivi |

| SUBJUNCTIVE | | |
|-------------|---|---|
| PRESENT | IMPERFECT | PERFECT |
| je suive | je suivisse | j'aie suivi |
| tu suives | tu suivisses | tu aies suivi |
| il suive | il suivît | il ait suivi |
| nous suivions | nous suivissions | nous ayons suivi |
| vous suiviez | vous suivissiez | vous ayez suivi |
| ils suivent | ils suivissent | ils aient suivi |

| INFINITIVE | PARTICIPLE |
|------------|------------|
| PRESENT | PRESENT |
| suivre | suivant |
| PAST | PAST |
| avoir suivi | suivi |

## PRESENT

je sursois
tu sursois
il sursoit
nous sursoyons
vous sursoyez
ils sursoient

## IMPERFECT

je sursoyais
tu sursoyais
il sursoyait
nous sursoyions
vous sursoyiez
ils sursoyaient

## FUTURE

je surseoirai
tu surseoiras
il surseoira
nous surseoirons
vous surseoirez
ils surseoiront

## PAST HISTORIC

je sursis
tu sursis
il sursit
nous sursîmes
vous sursîtes
ils sursirent

## PERFECT

j'ai sursis
tu as sursis
il a sursis
nous avons sursis
vous avez sursis
ils ont sursis

## PLUPERFECT

j'avais sursis
tu avais sursis
il avait sursis
nous avions sursis
vous aviez sursis
ils avaient sursis

## PAST ANTERIOR

j'eus sursis etc

## FUTURE PERFECT

j'aurai sursis etc

## IMPERATIVE

sursois
sursoyons
sursoyez

## CONDITIONAL

### PRESENT

je surseoirais
tu surseoirais
il surseoirait
nous surseoirions
vous surseoiriez
ils surseoiraient

### PAST

j'aurais sursis
tu aurais sursis
il aurait sursis
nous aurions sursis
vous auriez sursis
ils auraient sursis

## SUBJUNCTIVE

### PRESENT

je sursoie
tu sursoies
il sursoie
nous sursoyions
vous sursoyiez
ils sursoient

### IMPERFECT

je sursisse
tu sursisses
il sursît
nous sursissions
vous sursissiez
ils sursissent

### PERFECT

j'aie sursis
tu aies sursis
il ait sursis
nous ayons sursis
vous ayez sursis
ils aient sursis

## INFINITIVE

### PRESENT

surseoir

### PAST

avoir sursis

## PARTICIPLE

### PRESENT

sursoyant

### PAST

sursis

**SE TAIRE**
to keep quiet

**PRESENT**

je me tais
tu te tais
il se tait
nous nous taisons
vous vous taisez
ils se taisent

**IMPERFECT**

je me taisais
tu te taisais
il se taisait
nous nous taisions
vous vous taisiez
ils se taisaient

**FUTURE**

je me tairai
tu te tairas
il se taira
nous nous tairons
vous vous tairez
ils se tairont

**PAST HISTORIC**

je me tus
tu te tus
il se tut
nous nous tûmes
vous vous tûtes
ils se turent

**PERFECT**

je me suis tu
tu t'es tu
il s'est tu
nous nous sommes tus
vous vous êtes tu(s)
ils se sont tus

**PLUPERFECT**

je m'étais tu
tu t'étais tu
il s'était tu
nous nous étions tus
vous vous étiez tu(s)
ils s'étaient tus

**PAST ANTERIOR**

je me fus tu etc

**FUTURE PERFECT**

je me serai tu etc

*IMPERATIVE*

tais-toi
taisons-nous
taisez-vous

*CONDITIONAL*

**PRESENT**

je me tairais
tu te tairais
il se tairait
nous nous tairions
vous vous tairiez
ils se tairaient

**PAST**

je me serais tu
tu te serais tu
il se serait tu
nous nous serions tus
vous vous seriez tu(s)
ils se seraient tus

*SUBJUNCTIVE*

**PRESENT**

je me taise
tu te taises
il se taise
nous nous taisions
vous vous taisiez
ils se taisent

**IMPERFECT**

je me tusse
tu te tusses
il se tût
nous nous tussions
vous vous tussiez
ils se tussent

**PERFECT**

je me sois tu
tu te sois tu
il se soit tu
nous nous soyons tus
vous vous soyez tu(s)
ils se soient tus

*INFINITIVE*

**PRESENT**

se taire

**PAST**

s'être tu

*PARTICIPLE*

**PRESENT**

se taisant

**PAST**

tu

# TENIR
to hold

| PRESENT | IMPERFECT | FUTURE |
|---|---|---|
| je tiens | je tenais | je tiendrai |
| tu tiens | tu tenais | tu tiendras |
| il tient | il tenait | il tiendra |
| nous tenons | nous tenions | nous tiendrons |
| vous tenez | vous teniez | vous tiendrez |
| ils tiennent | ils tenaient | ils tiendront |

| PAST HISTORIC | PERFECT | PLUPERFECT |
|---|---|---|
| je tins | j'ai tenu | j'avais tenu |
| tu tins | tu as tenu | tu avais tenu |
| il tint | il a tenu | il avait tenu |
| nous tînmes | nous avons tenu | nous avions tenu |
| vous tîntes | vous avez tenu | vous aviez tenu |
| ils tinrent | ils ont tenu | ils avaient tenu |

| PAST ANTERIOR | FUTURE PERFECT |
|---|---|
| j'eus tenu etc | j'aurai tenu etc |

| IMPERATIVE | CONDITIONAL | |
|---|---|---|
| | **PRESENT** | **PAST** |
| tiens | je tiendrais | j'aurais tenu |
| tenons | tu tiendrais | tu aurais tenu |
| tenez | il tiendrait | il aurait tenu |
| | nous tiendrions | nous aurions tenu |
| | vous tiendriez | vous auriez tenu |
| | ils tiendraient | ils auraient tenu |

## SUBJUNCTIVE

| PRESENT | IMPERFECT | PERFECT |
|---|---|---|
| je tienne | je tinsse | j'aie tenu |
| tu tiennes | tu tinsses | tu aies tenu |
| il tienne | il tînt | il ait tenu |
| nous tenions | nous tinssions | nous ayons tenu |
| vous teniez | vous tinssiez | vous ayez tenu |
| ils tiennent | ils tinssent | ils aient tenu |

| INFINITIVE | PARTICIPLE |
|---|---|
| **PRESENT** | **PRESENT** |
| tenir | tenant |
| **PAST** | **PAST** |
| avoir tenu | tenu |

**TOMBER**
to fall

| **PRESENT** | **IMPERFECT** | **FUTURE** |
|---|---|---|
| je tombe | je tombais | je tomberai |
| tu tombes | tu tombais | tu tomberas |
| il tombe | il tombait | il tombera |
| nous tombons | nous tombions | nous tomberons |
| vous tombez | vous tombiez | vous tomberez |
| ils tombent | ils tombaient | ils tomberont |

| **PAST HISTORIC** | **PERFECT** | **PLUPERFECT** |
|---|---|---|
| je tombai | je suis tombé | j'étais tombé |
| tu tombas | tu es tombé | tu étais tombé |
| il tomba | il est tombé | il était tombé |
| nous tombâmes | nous sommes tombés | nous étions tombés |
| vous tombâtes | vous êtes tombé(s) | vous étiez tombé(s) |
| ils tombèrent | ils sont tombés | ils étaient tombés |

| **PAST ANTERIOR** | **FUTURE PERFECT** |
|---|---|
| je fus tombé etc | je serai tombé etc |

| *IMPERATIVE* | *CONDITIONAL* | |
|---|---|---|
| | **PRESENT** | **PAST** |
| tombe | je tomberais | je serais tombé |
| tombons | tu tomberais | tu serais tombé |
| tombez | il tomberait | il serait tombé |
| | nous tomberions | nous serions tombés |
| | vous tomberiez | vous seriez tombé(s) |
| | ils tomberaient | ils seraient tombés |

| *SUBJUNCTIVE* | | |
|---|---|---|
| **PRESENT** | **IMPERFECT** | **PERFECT** |
| je tombe | je tombasse | je sois tombé |
| tu tombes | tu tombasses | tu sois tombé |
| il tombe | il tombât | il soit tombé |
| nous tombions | nous tombassions | nous soyons tombés |
| vous tombiez | vous tombassiez | vous soyez tombé(s) |
| ils tombent | ils tombassent | ils soient tombés |

| *INFINITIVE* | *PARTICIPLE* |
|---|---|
| **PRESENT** | **PRESENT** |
| tomber | tombant |
| **PAST** | **PAST** |
| être tombé | tombé |

# TRADUIRE
to translate

| PRESENT | IMPERFECT | FUTURE |
|---|---|---|
| je traduis | je traduisais | je traduirai |
| tu traduis | tu traduisais | tu traduiras |
| il traduit | il traduisait | il traduira |
| nous traduisons | nous traduisions | nous traduirons |
| vous traduisez | vous traduisiez | vous traduirez |
| ils traduisent | ils traduisaient | ils traduiront |

| PAST HISTORIC | PERFECT | PLUPERFECT |
|---|---|---|
| je traduisis | j'ai traduit | j'avais traduit |
| tu traduisis | tu as traduit | tu avais traduit |
| il traduisit | il a traduit | il avait traduit |
| nous traduisîmes | nous avons traduit | nous avions traduit |
| vous traduisîtes | vous avez traduit | vous aviez traduit |
| ils traduisirent | ils ont traduit | ils avaient traduit |

| PAST ANTERIOR | FUTURE PERFECT |
|---|---|
| j'eus traduit etc | j'aurai traduit etc |

| IMPERATIVE | CONDITIONAL | |
|---|---|---|
| | PRESENT | PAST |
| traduis | je traduirais | j'aurais traduit |
| traduisons | tu traduirais | tu aurais traduit |
| traduisez | il traduirait | il aurait traduit |
| | nous traduirions | nous aurions traduit |
| | vous traduiriez | vous auriez traduit |
| | ils traduiraient | ils auraient traduit |

## SUBJUNCTIVE

| PRESENT | IMPERFECT | PERFECT |
|---|---|---|
| je traduise | je traduisisse | j'aie traduit |
| tu traduises | tu traduisisses | tu aies traduit |
| il traduise | il traduisît | il soit traduit |
| nous traduisions | nous traduisissions | nous ayons traduit |
| vous traduisiez | vous traduisissiez | vous ayez traduit |
| ils traduisent | ils traduisissent | ils aient traduit |

| INFINITIVE | PARTICIPLE |
|---|---|
| PRESENT | PRESENT |
| traduire | traduisant |
| PAST | PAST |
| avoir traduit | traduit |

# TRAVAILLER
to work

| PRESENT | IMPERFECT | FUTURE |
|---|---|---|
| je travaille | je travaillais | je travaillerai |
| tu travailles | tu travaillais | tu travailleras |
| il travaille | il travaillait | il travaillera |
| nous travaillons | nous travaillions | nous travaillerons |
| vous travaillez | vous travailliez | vous travaillerez |
| ils travaillent | ils travaillaient | ils travailleront |

| PAST HISTORIC | PERFECT | PLUPERFECT |
|---|---|---|
| je travaillai | j'ai travaillé | j'avais travaillé |
| tu travaillas | tu as travaillé | tu avais travaillé |
| il travailla | il a travaillé | il avait travaillé |
| nous travaillâmes | nous avons travaillé | nous avions travaillé |
| vous travaillâtes | vous avez travaillé | vous aviez travaillé |
| ils travaillèrent | ils ont travaillé | ils avaient travaillé |

| PAST ANTERIOR | FUTURE PERFECT |
|---|---|
| j'eus travaillé etc | j'aurai travaillé etc |

| IMPERATIVE | CONDITIONAL | |
|---|---|---|
| | PRESENT | PAST |
| travaille | je travaillerais | j'aurais travaillé |
| travaillons | tu travaillerais | tu aurais travaillé |
| travaillez | il travaillerait | il aurait travaillé |
| | nous travaillerions | nous aurions travaillé |
| | vous travailleriez | vous auriez travaillé |
| | ils travailleraient | ils auraient travaillé |

| SUBJUNCTIVE | | |
|---|---|---|
| PRESENT | IMPERFECT | PERFECT |
| je travaille | je travaillasse | j'aie travaillé |
| tu travailles | tu travaillasses | tu aies travaillé |
| il travaille | il travaillât | il ait travaillé |
| nous travaillions | nous travaillassions | nous ayons travaillé |
| vous travailliez | vous travaillassiez | vous ayez travaillé |
| ils travaillent | ils travaillassent | ils aient travaillé |

| INFINITIVE | PARTICIPLE |
|---|---|
| PRESENT | PRESENT |
| travailler | travaillant |
| PAST | PAST |
| avoir travaillé | travaillé |

# TUER
to kill

| **PRESENT** | **IMPERFECT** | **FUTURE** |
|---|---|---|
| je tue | je tuais | je tuerai |
| tu tues | tu tuais | tu tueras |
| il tue | il tuait | il tuera |
| nous tuons | nous tuions | nous tuerons |
| vous tuez | vous tuiez | vous tuerez |
| ils tuent | ils tuaient | ils tueront |

| **PAST HISTORIC** | **PERFECT** | **PLUPERFECT** |
|---|---|---|
| je tuai | j'ai tué | j'avais tué |
| tu tuas | tu as tué | tu avais tué |
| il tua | il a tué | il avait tué |
| nous tuâmes | nous avons tué | nous avions tué |
| vous tuâtes | vous avez tué | vous aviez tué |
| ils tuèrent | ils ont tué | ils avaient tué |

| **PAST ANTERIOR** | **FUTURE PERFECT** |
|---|---|
| j'eus tué etc | j'aurai tué etc |

| *IMPERATIVE* | *CONDITIONAL* | |
|---|---|---|
| | **PRESENT** | **PAST** |
| tue | je tuerais | j'aurais tué |
| tuons | tu tuerais | tu aurais tué |
| tuez | il tuerait | il aurait tué |
| | nous tuerions | nous aurions tué |
| | vous tueriez | vous auriez tué |
| | ils tueraient | ils auraient tué |

| *SUBJUNCTIVE* | | |
|---|---|---|
| **PRESENT** | **IMPERFECT** | **PERFECT** |
| je tue | je tuasse | j'aie tué |
| tu tues | tu tuasses | tu aies tué |
| il tue | il tuât | il ait tué |
| nous tuions | nous tuassions | nous ayons tué |
| vous tuiez | vous tuassiez | vous ayez tué |
| ils tuent | ils tuassent | ils aient tué |

| *INFINITIVE* | *PARTICIPLE* |
|---|---|
| **PRESENT** | **PRESENT** |
| tuer | tuant |
| **PAST** | **PAST** |
| avoir tué | tué |

# 203

## VAINCRE
to defeat

| PRESENT | IMPERFECT | FUTURE |
|---|---|---|
| je vaincs | je vainquais | je vaincrai |
| tu vaincs | tu vainquais | tu vaincras |
| il vainc | il vainquait | il vaincra |
| nous vainquons | nous vainquions | nous vaincrons |
| vous vainquez | vous vainquiez | vous vaincrez |
| ils vainquent | ils vainquaient | ils vaincront |

| PAST HISTORIC | PERFECT | PLUPERFECT |
|---|---|---|
| je vainquis | j'ai vaincu | j'avais vaincu |
| tu vainquis | tu as vaincu | tu avais vaincu |
| il vainquit | il a vaincu | il avait vaincu |
| nous vainquîmes | nous avons vaincu | nous avions vaincu |
| vous vainquîtes | vous avez vaincu | vous aviez vaincu |
| ils vainquirent | ils ont vaincu | ils avaient vaincu |

| PAST ANTERIOR | FUTURE PERFECT |
|---|---|
| j'eus vaincu etc | j'aurai vaincu etc |

| IMPERATIVE | CONDITIONAL | |
|---|---|---|
| | PRESENT | PAST |
| vaincs | je vaincrais | j'aurais vaincu |
| vainquons | tu vaincrais | tu aurais vaincu |
| vainquez | il vaincrait | il aurait vaincu |
| | nous vaincrions | nous aurions vaincu |
| | vous vaincriez | vous auriez vaincu |
| | ils vaincraient | ils auraient vaincu |

## SUBJUNCTIVE

| PRESENT | IMPERFECT | PERFECT |
|---|---|---|
| je vainque | je vainquisse | j'aie vaincu |
| tu vainques | tu vainquisses | tu aies vaincu |
| il vainque | il vainquît | il ait vaincu |
| nous vainquions | nous vainquissions | nous ayons vaincu |
| vous vainquiez | vous vainquissiez | vous ayez vaincu |
| ils vainquent | ils vainquissent | ils aient vaincu |

| INFINITIVE | PARTICIPLE |
|---|---|
| PRESENT | PRESENT |
| vaincre | vainquant |
| PAST | PAST |
| avoir vaincu | vaincu |

# VALOIR
to be worth

## PRESENT

je vaux
tu vaux
il vaut
nous valons
vous valez
ils valent

## IMPERFECT

je valais
tu valais
il valait
nous valions
vous valiez
ils valaient

## FUTURE

je vaudrai
tu vaudras
il vaudra
nous vaudrons
vous vaudrez
ils vaudront

## PAST HISTORIC

je valus
tu valus
il valut
nous valûmes
vous valûtes
ils valurent

## PERFECT

j'ai valu
tu as valu
il a valu
nous avons valu
vous avez valu
ils ont valu

## PLUPERFECT

j'avais valu
tu avais valu
il avait valu
nous avions valu
vous aviez valu
ils avaient valu

## PAST ANTERIOR

j'eus valu etc

## FUTURE PERFECT

j'aurai valu etc

## IMPERATIVE

vaux
valons
valez

## CONDITIONAL

### PRESENT

je vaudrais
tu vaudrais
il vaudrait
nous vaudrions
vous vaudriez
ils vaudraient

### PAST

j'aurais valu
tu aurais valu
il aurait valu
nous aurions valu
vous auriez valu
ils auraient valu

## SUBJUNCTIVE

### PRESENT

je vaille
tu vailles
il vaille
nous valions
vous valiez
ils vaillent

### IMPERFECT

je valusse
tu valusses
il valût
nous valussions
vous valussiez
ils valussent

### PERFECT

j'aie valu
tu aies valu
il ait valu
nous ayons valu
vous ayez valu
ils aient valu

## INFINITIVE

### PRESENT

valoir

### PAST

avoir valu

## PARTICIPLE

### PRESENT

valant

### PAST

valu

# VENDRE
to sell

| PRESENT | IMPERFECT | FUTURE |
|---|---|---|
| je vends | je vendais | je vendrai |
| tu vends | tu vendais | tu vendras |
| il vend | il vendait | il vendra |
| nous vendons | nous vendions | nous vendrons |
| vous vendez | vous vendiez | vous vendrez |
| ils vendent | ils vendaient | ils vendront |

| PAST HISTORIC | PERFECT | PLUPERFECT |
|---|---|---|
| je vendis | j'ai vendu | j'avais vendu |
| tu vendis | tu as vendu | tu avais vendu |
| il vendit | il a vendu | il avait vendu |
| nous vendîmes | nous avons vendu | nous avions vendu |
| vous vendîtes | vous avez vendu | vous aviez vendu |
| ils vendirent | ils ont vendu | ils avaient vendu |

| PAST ANTERIOR | FUTURE PERFECT |
|---|---|
| j'eus vendu etc | j'aurai vendu etc |

| *IMPERATIVE* | *CONDITIONAL* | |
|---|---|---|
| | **PRESENT** | **PAST** |
| vends | je vendrais | j'aurais vendu |
| vendons | tu vendrais | tu aurais vendu |
| vendez | il vendrait | il aurait vendu |
| | nous vendrions | nous aurions vendu |
| | vous vendriez | vous auriez vendu |
| | ils vendraient | ils auraient vendu |

| *SUBJUNCTIVE* | | |
|---|---|---|
| **PRESENT** | **IMPERFECT** | **PERFECT** |
| je vende | je vendisse | j'aie vendu |
| tu vendes | tu vendisses | tu aies vendu |
| il vende | il vendît | il ait vendu |
| nous vendions | nous vendissions | nous ayons vendu |
| vous vendiez | vous vendissiez | vous ayez vendu |
| ils vendent | ils vendissent | ils aient vendu |

| *INFINITIVE* | *PARTICIPLE* |
|---|---|
| **PRESENT** | **PRESENT** |
| vendre | vendant |
| **PAST** | **PAST** |
| avoir vendu | vendu |

# VENIR
to come

| PRESENT | IMPERFECT | FUTURE |
|---|---|---|
| je viens | je venais | je viendrai |
| tu viens | tu venais | tu viendras |
| il vient | il venait | il viendra |
| nous venons | nous venions | nous viendrons |
| vous venez | vous veniez | vous viendrez |
| ils viennent | ils venaient | ils viendront |

| PAST HISTORIC | PERFECT | PLUPERFECT |
|---|---|---|
| je vins | je suis venu | j'étais venu |
| tu vins | tu es venu | tu étais venu |
| il vint | il est venu | il était venu |
| nous vînmes | nous sommes venus | nous étions venus |
| vous vîntes | vous êtes venu(s) | vous étiez venu(s) |
| ils vinrent | ils sont venus | ils étaient venus |

| PAST ANTERIOR | FUTURE PERFECT |
|---|---|
| je fus venu etc | je serai venu etc |

| IMPERATIVE | CONDITIONAL | |
|---|---|---|
| | PRESENT | PAST |
| viens | je viendrais | je serais venu |
| venons | tu viendrais | tu serais venu |
| venez | il viendrait | il serait venu |
| | nous viendrions | nous serions venus |
| | vous viendriez | vous seriez venu(s) |
| | ils viendraient | ils seraient venus |

## SUBJUNCTIVE

| PRESENT | IMPERFECT | PERFECT |
|---|---|---|
| je vienne | je vinsse | je sois venu |
| tu viennes | tu vinsses | tu sois venu |
| il vienne | il vînt | il soit venu |
| nous venions | nous vinssions | nous soyons venus |
| vous veniez | vous vinssiez | vous soyez venu(s) |
| ils viennent | ils vinssent | ils soient venus |

| INFINITIVE | PARTICIPLE |
|---|---|
| PRESENT | PRESENT |
| venir | venant |
| PAST | PAST |
| être venu | venu |

## VETIR
to dress

| PRESENT | IMPERFECT | FUTURE |
|---|---|---|
| je vêts | je vêtais | je vêtirai |
| tu vêts | tu vêtais | tu vêtiras |
| il vêt | il vêtait | il vêtira |
| nous vêtons | nous vêtions | nous vêtirons |
| vous vêtez | vous vêtiez | vous vêtirez |
| ils vêtent | ils vêtaient | ils vêtiront |

| PAST HISTORIC | PERFECT | PLUPERFECT |
|---|---|---|
| je vêtis | j'ai vêtu | j'avais vêtu |
| tu vêtis | tu as vêtu | tu avais vêtu |
| il vêtit | il a vêtu | il avait vêtu |
| nous vêtîmes | nous avons vêtu | nous avions vêtu |
| vous vêtîtes | vous avez vêtu | vous aviez vêtu |
| ils vêtirent | ils ont vêtu | ils avaient vêtu |

| PAST ANTERIOR | FUTURE PERFECT |
|---|---|
| j'eus vêtu etc | j'aurai vêtu etc |

| IMPERATIVE | CONDITIONAL | |
|---|---|---|
| | PRESENT | PAST |
| vêts | je vêtirais | j'aurais vêtu |
| vêtons | tu vêtirais | tu aurais vêtu |
| vêtez | il vêtirait | il aurait vêtu |
| | nous vêtirions | nous aurions vêtu |
| | vous vêtiriez | vous auriez vêtu |
| | ils vêtiraient | ils auraient vêtu |

## SUBJUNCTIVE

| PRESENT | IMPERFECT | PERFECT |
|---|---|---|
| je vête | je vêtisse | j'aie vêtu |
| tu vêtes | tu vêtisses | tu aies vêtu |
| il vête | il vêtît | il ait vêtu |
| nous vêtions | nous vêtissions | nous ayons vêtu |
| vous vêtiez | vous vêtissiez | vous ayez vêtu |
| ils vêtent | ils vêtissent | ils aient vêtu |

| INFINITIVE | PARTICIPLE |
|---|---|
| PRESENT | PRESENT |
| vêtir | vêtant |
| PAST | PAST |
| avoir vêtu | vêtu |

| PRESENT | IMPERFECT | FUTURE |
|---|---|---|
| je vis | je vivais | je vivrai |
| tu vis | tu vivais | tu vivras |
| il vit | il vivait | il vivra |
| nous vivons | nous vivions | nous vivrons |
| vous vivez | vous viviez | vous vivrez |
| ils vivent | ils vivaient | ils vivront |

| PAST HISTORIC | PERFECT | PLUPERFECT |
|---|---|---|
| je vécus | j'ai vécu | j'avais vécu |
| tu vécus | tu as vécu | tu avais vécu |
| il vécut | il a vécu | il avait vécu |
| nous vécûmes | nous avons vécu | nous avions vécu |
| vous vécûtes | vous avez vécu | vous aviez vécu |
| ils vécurent | ils ont vécu | ils avaient vécu |

| PAST ANTERIOR | FUTURE PERFECT |
|---|---|
| j'eus vécu etc | j'aurai vécu etc |

| IMPERATIVE | CONDITIONAL | |
|---|---|---|
| | PRESENT | PAST |
| vis | je vivrais | j'aurais vécu |
| vivons | tu vivrais | tu aurais vécu |
| vivez | il vivrait | il aurait vécu |
| | nous vivrions | nous aurions vécu |
| | vous vivriez | vous auriez vécu |
| | ils vivraient | ils auraient vécu |

| SUBJUNCTIVE | | |
|---|---|---|
| PRESENT | IMPERFECT | PERFECT |
| je vive | je vécusse | j'aie vécu |
| tu vives | tu vécusses | tu aies vécu |
| il vive | il vécût | il ait vécu |
| nous vivions | nous vécussions | nous ayons vécu |
| vous viviez | vous vécussiez | vous ayez vécu |
| ils vivent | ils vécussent | ils aient vécu |

| INFINITIVE | PARTICIPLE |
|---|---|
| PRESENT | PRESENT |
| vivre | vivant |
| PAST | PAST |
| avoir vécu | vécu |

## VOIR
to see

| PRESENT | IMPERFECT | FUTURE |
|---|---|---|
| je vois | je voyais | je verrai |
| tu vois | tu voyais | tu verras |
| il voit | il voyait | il verra |
| nous voyons | nous voyions | nous verrons |
| vous voyez | vous voyiez | vous verrez |
| ils voient | ils voyaient | ils verront |

| PAST HISTORIC | PERFECT | PLUPERFECT |
|---|---|---|
| je vis | j'ai vu | j'avais vu |
| tu vis | tu as vu | tu avais vu |
| il vit | il a vu | il avait vu |
| nous vîmes | nous avons vu | nous avions vu |
| vous vîtes | vous avez vu | vous aviez vu |
| ils virent | ils ont vu | ils avaient vu |

| PAST ANTERIOR | FUTURE PERFECT |
|---|---|
| j'eus vu etc | j'aurai vu etc |

| IMPERATIVE | CONDITIONAL | |
|---|---|---|
| | PRESENT | PAST |
| vois | je verrais | j'aurais vu |
| voyons | tu verrais | tu aurais vu |
| voyez | il verrait | il aurait vu |
| | nous verrions | nous aurions vu |
| | vous verriez | vous auriez vu |
| | ils verraient | ils auraient vu |

### SUBJUNCTIVE

| PRESENT | IMPERFECT | PERFECT |
|---|---|---|
| je voie | je visse | j'aie vu |
| tu voies | tu visses | tu aies vu |
| il voie | il vît | il ait vu |
| nous voyions | nous vissions | nous ayons vu |
| vous voyiez | vous vissiez | vous ayez vu |
| ils voient | ils vissent | ils aient vu |

| INFINITIVE | PARTICIPLE |
|---|---|
| PRESENT | PRESENT |
| voir | voyant |
| PAST | PAST |
| avoir vu | vu |

# VOULOIR
to want

| **PRESENT** | **IMPERFECT** | **FUTURE** |
|---|---|---|
| je veux | je voulais | je voudrai |
| tu veux | tu voulais | tu voudras |
| il veut | il voulait | il voudra |
| nous voulons | nous voulions | nous voudrons |
| vous voulez | vous vouliez | vous voudrez |
| ils veulent | ils voulaient | ils voudront |

| **PAST HISTORIC** | **PERFECT** | **PLUPERFECT** |
|---|---|---|
| je voulus | j'ai voulu | j'avais voulu |
| tu voulus | tu as voulu | tu avais voulu |
| il voulut | il a voulu | il avait voulu |
| nous voulûmes | nous avons voulu | nous avions voulu |
| vous voulûtes | vous avez voulu | vous aviez voulu |
| ils voulurent | ils ont voulu | ils avaient voulu |

| **PAST ANTERIOR** | **FUTURE PERFECT** |
|---|---|
| j'eus voulu etc | j'aurai voulu etc |

| *IMPERATIVE* | *CONDITIONAL* | |
|---|---|---|
| | **PRESENT** | **PAST** |
| veuille | je voudrais | j'aurais voulu |
| veuillons | tu voudrais | tu aurais voulu |
| veuillez | il voudrait | il aurait voulu |
| | nous voudrions | nous aurions voulu |
| | vous voudriez | vous auriez voulu |
| | ils voudraient | ils auraient voulu |

## *SUBJUNCTIVE*

| **PRESENT** | **IMPERFECT** | **PERFECT** |
|---|---|---|
| je veuille | je voulusse | j'aie voulu |
| tu veuilles | tu voulusses | tu aies voulu |
| il veuille | il voulût | il ait voulu |
| nous voulions | nous voulussions | nous ayons voulu |
| vous vouliez | vous voulussiez | vous ayez voulu |
| ils veuillent | ils voulussent | ils aient voulu |

| *INFINITIVE* | *PARTICIPLE* |
|---|---|
| **PRESENT** | **PRESENT** |
| vouloir | voulant |
| **PAST** | **PAST** |
| avoir voulu | voulu |

## ACCROIRE
to believe

*INFINITIVE*
**PRESENT**
accroire

## APPAROIR
to appear

**PRESENT**
il appert
*INFINITIVE*
**PRESENT**
apparoir

## OUIR
to hear

*INFINITIVE*
**PRESENT**
ouïr

*PARTICIPLE*
**PAST**
ouï

# INDEX

The verbs given in full in the tables on the preceding pages are used as models for all other French verbs given in this index. The number in the index is that of the corresponding *verb table*.

**Bold type** denotes a verb that is given as a model itself.

A second number in brackets refers to a reflexive verb model or to the model for a verb starting with an 'h' (indicating whether it is aspirated or not).

An N in brackets refers to a footnote in the model verb table.

Reflexive verbs are listed alphabetically under the simple verb form and the reflexive pronoun (se or s') is given in brackets.

We have indicated in the footnotes the few cases where a verb does not have the same auxiliary as its model.

# INDEX

# INDEX

berner 31
beugler 31
beurrer 31
biaiser 31
bichonner 67
biffer 31
blaguer 128
blâmer 31
blanchir 92
blaser 31
blasphémer 71
blêmir 92
blesser 154
bloquer 103
blottir (se) 87
**boire 26**
boiter 31
bombarder 31
bonifier 47
border 31
borner 31
boucher 31
boucler 31
bouder 31
bouffer 31
bouffir 92
bouger 111
**bouillir 27**
bouleverser 31
bourdonner 67
bourrer 31
boursoufler 31
bousculer 31
boutonner 67
braconner 67
brailler 201
braire 66 (N)
brancher 31
brandir 92
branler 31
braquer 103
brasser 154
braver 31
bredouiller 93
breveter 108

bricoler 31
brider 31
briguer 128
**briller 28**
brimer 31
briser 31
broder 31
broncher 31
bronzer 31
brosser 154
brouiller 93
brouter 31
broyer 129
brûler 31
brunir 92
brusquer 103
brutaliser 31
buter 31
butiner 31

cabrer 31
cacher 31
cadrer 31
cajoler 31
calculer 31
caler 31
calmer 31
calomnier 47
calquer 103
cambrioler 31
camoufler 31
camper 31
cantonner (se) 118
capituler 31
capter 31
captiver 31
capturer 31
caresser 154
caricaturer 31
caser 31
casser 154
cataloguer 128
catapulter 31
causer 31
cautionner 67

**céder 29**
ceindre 141
**célébrer 30**
celer 142
censurer 31
centraliser 31
centrer 31
cercler 31
cerner 31
certifier 47
cesser 154
chagriner 31
chahuter 31
chamailler 201
chanceler 14
changer 116
**chanter 31**
chantonner 67
charger 111
charmer 31
charrier 47
chasser 154
châtier 47
chatouiller 93
chauffer 31
chausser 154
chavirer 31
cheminer 31
chercher 31
chérir 92
chevaucher 31
chiffonner 67
chiffrer 31
**choir 32**
choisir 92
chômer 31
choquer 103
choyer 129
chuchoter 31
circoncire 194 (N)
circonscrire 54
circonvenir 159
circuler 31
cirer 31
ciseler 142
citer 31

# INDEX

# INDEX

# INDEX

# INDEX

# INDEX

# INDEX

# INDEX